安部恵美子／南里悦史 編著　ABE, Emiko / NANRI, Yoshifumi

短期大学教育の新たな地平

New Horizon of Junior College Education

北樹出版

はじめに
短期大学の発展存続のための改革議論を地方から

　本書で展開する短期大学教育に関する研究や実践活動報告は、この高い志の下に集った北部九州の短期大学の教職員と高等教育研究者で構成された「短期大学の将来構想に関する研究会」の活動に端を発する。

　平成14年（2002）に立ち上がった「研究会」は、平成21年（2009）、地域の短大間の連携組織「短期大学コンソーシアム九州」に発展した。関係者が「短コン」と呼ぶ本組織はこれまでに、短期大学の教育改革を真摯に議論し、改革のための各種の事業を実施し、その成果の検証と情報発信に取り組んできた。

　「短期大学の将来構想に関する研究会」の発足から15年以上の月日が流れた。この間、短期大学の学生数と学校数は年々減少の一途を辿り、学生数は最盛期の４分の１以下にまで激減してしまった。高等教育全体への進学率が高まり、四年制大学の学生数・学校数が増加しているのにも拘らず、一人、短期大学は元気がない。われわれの目標の「短期大学の発展存続」の方向性は一向に見えず、短期大学の先行きには厚い暗雲が立ち込めている。

　それでも「短コン」は、短期大学の衰退原因の究明、短大教育の役割・機能の明確化、教育内容・方法の工夫と改善や学修成果の「見える化」を目指し、短期大学の再生の途を探り続けている。

　活動の推進委員たちは、「短期大学教育の特徴や課題についての議論をもっと深めたい」という思いを共有していたが、その思いは、短コンの代表校である佐賀女子短期大学の南里悦史学長の「短期大学を元気にする本を出そう」という提案に集約されることになった。元九州大学教育学部教授で社会教育学の泰斗である南里学長は、平成26年４月の佐賀女子短期大学学長への就任以来、教育学研究者の深い知見と洞察力で、「短コン」代表者としてのリーダーシップを発揮してきた。

4

　短コン加盟 7 短期大学の学長全員からの著書出版への賛同が得られた、平成 29 年 4 月、出版構想を検討するための事務局を佐賀女子短期大学に置くこととなった。約 1 年をかけて、出版行程の決定、執筆者への原稿の依頼と集約、編集等の事務局での作業を終え、ようやく出版に漕ぎつけることができた。

　我が国では、短期大学（短期高等教育）に特化した高等教育研究が大変少ない。恐らく今後も、高等教育でのシェアが縮小してしまった短期大学への研究的関心は低調なままであろう。このままにしてはおけないと私たちは思う。

　本書出版の目的は、「短コン」の活動実績を踏まえて、短大教育改革に一石を投じることである。しかし、私たちの実績を取り上げるだけでは短期大学の問題が解決できるわけではない。この自覚を本書の中で表現するために、日本の短期大学の盛衰を熟知し、長い間、短期大学のオピニオンリーダーとして活躍してこられた、佐藤弘毅氏（元目白学園理事長・目白大学短期大学部学長）を客員執筆者に迎えることとした。

　佐藤先生は、日本私立短期大学協会の前会長で、中央教育審議会大学分科会臨時委員等、多くの政府審議会委員を歴任され、短期大学のみならず、高等教育行政全般にわたる深い見識をお持ちである。特に、第 7 期中教審大学分科会・大学教育部会に設けられた「短期大学ワーキンググループ」の主査として、国が示す「短期大学の今後の在り方（審議まとめ）」の作成を主導された。

　私共「短コン」は、平成 24 年に文部科学省の「大学間連携共同教育推進事業」に採択された折、日本私立短期大学協会会長であった佐藤先生に、大変お世話になった。研修会の講演者や連携事業成果の評価者の立場から、短コンの活動が、北部九州という一部の地域にとどまらず、短期大学全体の現状打破と未来発展の力となるためのアドバイスと励ましを、たくさんいただいている。

　佐藤先生には、短期大学の歴史を俯瞰し再起への道を示す、第 1 部第 1 章の執筆をお願いした。

　続く第 2 章の近年の高等教育政策の動向を踏まえた短期大学の教育改革については、安部が担当した。

この第1部では、まず、我が国の高等教育制度の中での短期大学独特の立ち位置を確認し、さらに、将来の存続と発展のための課題を析出して、その課題の解決のために、短期大学が取り組むべき高等教育改革についての言及を行っている。

第2部「短期大学コンソーシアム九州の挑戦——西からの風——」は、本書の中核である。第2部の各章・各節では、「短コン」の連携事業が生み出した研究成果や実践活動成果が、執筆者各人各様の語り口で綴られている。執筆者は全員、高等教育の専門家ではない。そのため、編集の企画段階では、学問的な共通言語を持たない執筆者たちが1冊の本を仕上げることに、編者である筆者は、多少の不安を持っていた。しかし、寄せられた原稿は、短大教育改革への考えや対応に関する多様性を持つと同時に、教育実践者として共通の、短期大学教育や短大生への篤い思いが感じられた。それ故に、各章・各節は、読み物としての魅力があった。そのため、編集の際に行う全体のトーン調整を目的とした文章の手直し等は、あえて最小限にとどめている。

読者の方々には、各章・各節に記された短大教育の捉え方や教育実践上の課題の設定・解決法の中に、各執筆者の個性を汲み取りながら、連携活動全体のダイナミズムを感じていただければ幸いである。

なお、第2部の各章・各節は、紙幅が大変限られていたために、報告・説明が十分にできなかった部分も多い。「短コン」の研究や実践活動の詳細について、さらにご興味のある方は、コンソーシアム事務局（佐賀女子短期大学内）にお問い合わせ願えればと思う。

本書の第1部、第2部の構成と執筆者は以下の通りである。

第1部　短期大学の足跡と再興への処方箋

　第1章　短期大学の衰退と再起への道　　　　　　　　　　　（佐藤　弘毅）

　第2章　短期大学の未来形——再構築のための教育改革　　　（安部恵美子）

第2部　短期大学コンソーシアム九州の挑戦——西からの風——

　第1章　短期大学コンソーシアム九州とは何者か

第1節　知力を突き抜け、社会へ突破する力　　　　　　　　　（藪　　敏晴）

第2節　CC 研からコンソーシアム設立　　　　　　　　　　　（久保　知里）

第2章　「職業・キャリア教育」の再構築

第1節　学生合同アクティビティの展開　　　　　　　　　　　（藪　　敏晴）

第2節　学生合同アクティビティの成果と波及効果

2-1　地元に引き継がれる短期大学での学習と学びの意欲　　（武部　幸世）

2-2　晴れ舞台とオーディエンス　　　　　　　　　　　　　（桑原　哲章）

2-3　生涯学習の新たなフィールドとしての地域連携活動　　（平田　孝治）

第3章　「教育の質保証」の模索

第1節　学生・卒業生調査の意義と共同教学 IR ネットワークシステム

（中濱雄一郎）

第2節　学生・卒業生調査の分析と活用

2-1　短大生のレディネス調査とカリキュラム改革　　　　（藪　　敏晴）

2-2　スマートフォン時代の短大生像　　　　　　　　　　（鹿毛　理恵）

2-3　「当たり前の実践」からその先の一歩へ　　　　　　（小嶋　栄子）

2-4　学生理解とデータの見える化　　　　　　　　　　　（武藤　玲路）

第4章　共同教学 IR ネットワークシステムの仕組みと活用法　（桑木　康宏）

　第3部は、第2部に記した「短コン」の諸活動を推進した委員（各執筆者）の所属する七つの短期大学の、七人の学長による座談会報告である。

　15年の短期大学間の連携活動は、各短期大学から派遣された教員によって実施したものである。学長の命を受けた推進委員たちは皆、能力が高く柔軟性がある人たちであった。学内での職位、専門分野、年齢等が異なる彼らが出会い、実践者目線で地域の短期大学全体の存続・発展のための議論を重ねながら、連携事業を実施した。そのプロセスの中では、常に、各学長の理解と力強い後押しがあった。7短期大学は、学生募集等での利害関係が衝突することも多い近接する短期大学同士である。その七人の学長たちで、これまでに少なくとも年2回以上、事業に関する運営協議会を持って、地域の短大間連携についての協議を重ねている。学長間の交流は活発で、「短コン」ではこの短期大学間の結

びつきを「戦略的パートナーシップ」と呼んでいる。

　「戦略的パートナーシップ」で結ばれた七人の学長を紹介しよう。

　九州37校の私立短期大学を束ねる「九州地区私立短期大学協会」の現会長で、私立短期大学のリーダー的存在である香蘭女子短期大学の坂根学長、国立高等専門学校の校長出身という異色の経歴から、高短連携のあり方等についての卓見をお持ちの精華女子短期大学の井上学長、就任3年目ながら、短大フェス事業を参考に自学の「福女短フェス」を産み出し継続・発展されている福岡女子短期大学の中川学長、高校関係者への短期大学プレゼンス不足を懸念し、短期大学が協同で地域発信していくことの重要性を強調される長崎女子短期大学の玉島学長、そして、地方の高等教育機関全体の中での私立短期大学が果たす役割とその教育の質に関する深い見識と、向上改善のための実行力をお持ちの西九州大学短期大学部の福元学長である。この五人に、「短コン」代表校佐賀女子短期大学南里学長と長崎短期大学学長の安部を加えた七人の学長による本座談会では、これまでの「短期大学コンソーシアム九州」の活動を振り返り、将来展開についての忌憚のない意見交換を行った。その中で、短期大学のキャリア教育の特徴をどのように強化していくかが、今後の連携の大きなテーマとなることが確認されている。

　短期大学はこのまま、四年制大学に収束する道を辿るのか、また、2～3年間で特定分野の職業教育を行う専門学校と短大教育の違いは何か、多くの短期大学関係者は、そんな不安と自らへの問いを持ちつつ、短期大学独自のアイデンティティを模索している。

　短期大学教育の「新たな地平」を求めて、九州7短期大学の「戦略的パートナーシップ」に基づく挑戦は今後も続いていく。

　本書が、短期大学改革を求める挑戦者への、新たな挑戦のための道標（道しるべ）になることを期待してやまない。

　　　平成30年3月

　　　　　　　　　　　　　　　　　　　　　　編者　安部恵美子

目　　次

はじめに　短期大学の発展存続のための改革議論を地方から……………………3

第1部　短期大学の足跡と再興への処方箋　　　　　　　　11

第1章　短期大学の衰退と再起への道………………………………………12
　　第1節　短期大学の栄華の軌跡　12
　　第2節　短期大学の危機——大学爆発時代の命運　17
　　第3節　短期大学が背負った期待と現実　25
　　第4節　多様な可能性　31
　　第5節　再起に向けて　35

第2章　短期大学の未来形——再構築のための教育改革………………43
　　第1節　生涯学習社会の形成と短期大学　43
　　第2節　短期大学教育の質保証　49
　　第3節　短期大学の職業教育　54
　　第4節　地域の未来創造と短期大学　62
　　第5節　「新たな地平」を目指すための当面の課題　67

第2部　短期大学コンソーシアム九州の挑戦——西からの風——　71

第1章　短期大学コンソーシアム九州とは何者か………………………72
　　第1節　知力を突き抜け、社会へ突破する力　72
　　第2節　CC研からコンソーシアム設立　81

第2章　「職業・キャリア教育」の再構築………………………………88
　　第1節　学生合同アクティビティの展開　88

第2節　学生合同アクティビティの成果と波及効果　90

　2-1　地元に引き継がれる短期大学での学習と学びの意欲
　　　　——短大生による高校生のキャリア接続支援事業　90

　2-2　晴れ舞台とオーディエンス
　　　　——短大フェスはこうして幕を開けた、そして今振り返る
　　　　——短大フェス・7短大合同学習成果発表会　98

　2-3　生涯学習の新たなフィールドとしての地域連携活動
　　　　——短大フェスでの地域連携学修成果報告　105

第3章　「教育の質保証」の模索………………………………………………113

第1節　学生・卒業生調査の意義と共同教学 IR ネットワークシステム

　　　　　　　　　　　　　　　　　　　　　　　　　　　　　113

第2節　学生・卒業生調査の分析と活用　123

　2-1　短大生のレディネス調査とカリキュラム改革
　　　　——「社会へ突破する力」の前提となる既存体験　123

　2-2　スマートフォン時代の短大生像
　　　　——レディネス調査から見えてくるもの　133

　2-3　「当たり前の実践」からその先の一歩へ
　　　　——学生（1年次・卒業時）パネル調査から見えてきたもの　143

　2-4　学生理解とデータの見える化
　　　　—— IR データの短大教育改革への活用　153

第4章　共同教学 IR ネットワークシステムの仕組みと活用法
　　　　——第三者評価第3クールへ向けて………………………………164

第1節　共同教学 IR ネットワークシステム　164

第2節　共同教学 IR ネットワークシステムの全体像　165

第3節　学生調査システム　168

第4節　学修支援システムの仕組みと活用法　180

第5節　システムに期待できること　183

第3部　短期大学コンソーシアム九州学長座談会 　185

「地方の短大の役割と機能の強化」……………………………………185

おわりに　地方短期大学教育のこれからを考える………………………205

引用文献　　214

短期大学の足跡と再興への処方箋

第1章

短期大学の衰退と再起への道

第1節　短期大学の栄華の軌跡

　短期大学の衰退が著しい。高等教育全体が未曾有の拡張を続けるこの時代に、一人負けの衰退なのである。

　相次ぐ廃校等によって学校数も学生数も減少を続け、下げ止まる気配がない。定員割れの短期大学が占める割合はのっぴきならない程に増した。赤字校が増えて経営の苦しさも露呈している。衰退は量的な面にとどまらず、質においても進んだ。特に学生の基礎学力や学習意欲の低下が憂慮される。

　こうした質量にわたる退潮によって、短期大学の存在感が急速に薄らぎつつある。高等学校の教師や父母、産業界、そして行政やメディア関係者が短期大学を語る時、かつての輝きは見えない。存在意義を疑う悲観論さえ聞く。

　短期大学は、危機に瀕しているのである。

◆短期大学の誕生と急成長

　衰退の様相を詳しく見る前に、短期大学が歩んできた道のりを振り返ってみよう。かつて短期大学が栄光の一時代を築いた事実を知れば、衰退がいかに唐突に始まり、発展と衰退の落差がいかに大きいか見えてくる。

　短期大学は、第二次大戦後の学制改革を契機として生まれた高等教育機関である。当初は、いずれ大学へ転換することを見越した暫定的な存在であった。

　国が打ち出した高等教育改革の基本方針は、旧制大学、高等学校、専門学校などの学校を、原則として大学に一元化することであった。しかし、教育分野

も内容も多岐にわたり、教育研究条件の整備が区々な各種機関を、一律に大学へと転換することに種々の困難が伴っていたのが実情であった。

一方、高等教育の機会拡大を望む国民の期待は大きくなっていた。そんな期待に応えるように、昭和25年（1950）、「当分の間」という条件付きで誕生したのが、二～三年制の短期大学である。

多くの旧制専門学校がこれに呼応した。短期大学は、戦前には一部の人々しか享受できなかった高等教育をより身近に引き寄せる新種の学校として、たちまち世の中から注目されるところとなった。

発足時の校数は公私立併せて149校であったところ、3年後には早くも大学数を上回る228校に増加していった。12年後の昭和37年（1962）には300校を超え、学生数は10万人を超えるに至った。急ピッチで増加する短期大学は、社会における存在感と重要性を急速に高めていったのである[1]。

しかし、短期大学の立場は暫定的制度という不安定なものであり、制度恒久化への動きと、大学ではない「専科大学」へ位置づける動きとの狭間で、議論が10年以上も揺れた。恒久的な大学としての地位を獲得したのは、東京オリンピックが開催された昭和39年（1964）のことであった。ようやくにして短期大学は、名実ともに我が国の高等教育の一翼を担う立場に立ったのである。

恒久化直後の数年間は、毎年18校から44校もの新設ラッシュとなり、その後も増加を続けていく。規模が頂点に達したのは平成一桁の時代であり、18歳人口が最多になった翌年の平成5年には、私立502校など595校にまで増加した。その後も2～3校増えたこともあったが、学生

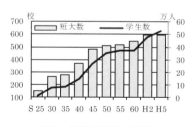

図1　短期大学数と学生数

1）本章で本文並びに図表で用いた主要データは、特に断りない限り以下に依る。学校数、学生数、進学率、卒業生の就職状況については、文部科学省「学校基本調査」各年度版。私立学校の入試状況、定員充足状況は日本私立学校振興・共済事業団『私立大学・短期大学等入学志願状況』各年度版。私立学校の財務状況は、同事業団『今日の私学財政』各年度版。

数はこの年にピークを記録した。53万人強。このうち私立短期大学が49万人、9割を占めていた。

華々しく拡大を続けた43年間。短期大学は栄華の歴史を刻みながら絶頂期を迎えるに至ったのである（図1）。

◆高等教育の地ならし

短期大学発展の理由については、多くの人が繰り返し述べており、語り尽くされていると言える。身近な大学としてのアクセスの良さ、地域との密着性・親和性、教育分野の多様性、少人数教育による丁寧な指導、教養教育と専門教育の適度なバランス、短期に学べる利便性、低廉な学費、女子教育への注力などが挙げられる。経済成長に伴う国民生活の向上や、高等学校進学率の急上昇が短期大学教育の普及を後押ししたことも確かである。

また、成長期から絶頂期に至る間、短期大学が社会を支えた役割と機能についても、大方の評価が定着している。その中でも特筆すべきものとして、戦後に国づくりの出直しを図った我が国が高等教育を普及していく上で、短期大学がその地ならしの役割を果たしたことを挙げられよう。古い社会では、一般の国民にとって高等教育機関は敷居の高い存在であったところ、アクセスしやすい短期大学が多くの国民に門戸を開き、高等教育を人々の傍にひきつける役目を果たしたのである。実は、これは制度発足の際に国が短期大学に期待した役割の一つであったのだが、これについては後で詳しく触れたい。

短期大学が、広い分野で人材育成を目指す高等教育を特色としたことも、評価される。我が国が第二次大戦後の混乱期を経て復興し、高度産業社会へと発展する過程において、その発展の基盤を支える人材需要に応え、広範な国民の教育水準の向上と、文化の発展に寄与したのである。

◆地域に密着して貢献

しかも、短期大学は大都市に偏ることなく、全国の中小都市に多く設置されたことが重要な意味を持つ。短期大学は、地域に密着した教育と研究の実践機

関となり、地域社会に必要な人材の育成に大きな役割を果たすようになった。同時に、公開講座の開講や社会人学生の受け入れなどによって各地の地域社会に活力を与え、地域文化や地域経済の活性化をもたらした意義は大きい。

短期大学の地域密着性については、実は、最盛期から現在に至るも変わらない特徴である。短期大学の自県内入学率、すなわち地元からの入学者はほぼ一貫して6割前後で推移しており、3〜4割程度の大学よりかなり高い。地元志向の家庭の支持を得たことが、自県内入学率の高さに結び付いたと推測される。

また、卒業生の自県内就職率は、平成6年度に国の調査項目から除外されたが、その直前には毎年6割以上を記録し、大学の4割台を大きく上回っていた。私立短期大学協会のその後の調査によると、地元志向はさらに高まり、全国平均が7割を超えた。平成29年（2017）の中部、四国、九州では8割、北海道では9割を超えている。卒業生の大多数が地元に就職することを逆の視点から見ると、短期大学は地元にとって有力な人材供給源であると言える。

これら学びの入り口と出口両方の数値は、短期大学が地域との結び付きが強い高等教育機関として機能している事実を示している。それは発展期に定着して今に続く、短期大学の大きな特徴なのである。

◆女子の進学と社会進出

短期大学のもう一つの特筆すべき役割と貢献として、女性の高等教育への進学を牽引し、社会進出を一層促したことを挙げられる。

戦後の社会改造の根幹として普及していった自由と民主主義の精神や、男女同権思想が、女性の教育を後押しした。それでも、庶民の女子が大学に進むことには必ずしも父母や社会の賛意を得られるとは限らなかった。そんな時代での短期大学の躍進である。身近で低学費で修業年限の短い短期大学は、人々の間にあった旧来の障壁を乗り越え易い大学であったのかも知れない。

短期大学発足の当時こそ、男子学生が過半を占めていたのだが、5年目には女子が男子を上回った。爾来、女子が圧倒的多数を占め、やがて短期大学は女子のための大学、と見られるようになっていくのだが、当初の女子進学率は決

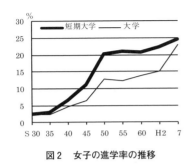

図2　女子の進学率の推移

して芳しいものではなかった。しかし、初めのうちは大学の進学率と大差のない2％台であったところ、短期大学制度恒久化のなった昭和39年（1964）を境に、大学進学率を引き離し、急速に伸びていく。

昭和44年には、まだ5％台にとどまっていた女子の大学進学率をしり目に、短期大学進学率は10％に上昇している。大学が短期大学に遅れること4年で10％台に到達したものの、その2年後に短期大学は20％台の時代に突入し、大学との差を広げていった。10％台から20％台へのステップアップはわずか6年という急伸ぶりである。大学が20％台への大台変わりに21年も費やしたのと比べると、女子の進学の主流が短期大学にあったことがわかる（図2）。

この状況は、18歳人口ピーク時の直後、平成8年（1996）に大学進学率に逆転されるまで続くことになる。短期大学は、その発展期と絶頂期を通して、女性にとって高等教育機関の花形であったわけである。

その背景として、古い因習と抑圧から解放された女性の間で、より高度な学びへの意欲が高まったことが挙げられる。就業期間が短く、身近で学べることが、父母たちの支持を得たことも挙げられる。また、その時期に呼応して、短期大学が女性の職業獲得を支援する分野に力を注いだことが挙げられる。

多くの短期大学は幼児教育や保育、食物栄養といった女性に期待される社会的役割や職業に必要な教育を手がけるなど、特定分野での良質な職業人の供給に努めた。この影響は大きかったと思われる。結果として、短期大学は女性の社会進出と当該分野の振興に寄与していったと言える。

いずれにしても、短期大学は女性の教育水準の向上に貢献した。ただ、その中身は時代と共に変遷している。昭和40年（1965）初頭までは、女性が家庭の主婦を目指す傾向がまだ強く、短期大学では英文・国文等の人文系や教養系、家政系が主流であった。その後、高度経済成長期を経て、女性の社会進出がさ

らに本格化・多様化するに及んで、上述した専門的職業人の育成のみならず、汎用的な職業能力を培う教育も普及し、多様な職業、職域への女性の就業、活躍を支えるようになっていった。

その後の我が国が辿った発展と女性の活躍、男女共生社会への移行などを勘案すると、我が国が戦後復興から驚異的な発展を遂げた重要な時期に、新しい時代の女性社会人を大量に育み、女性の地位向上に寄与した短期大学の貢献は甚だ大であったと言えよう。短期大学が誇りにしていい事実である。

第2節　短期大学の危機——大学爆発時代の命運

時代が昭和から平成へと移り、18歳人口のピーク期が過ぎると、短期大学は突如として不振の時代へと突入していった。四半世紀が過ぎても、規模の収縮は進むばかりだ。学校数も学生数も絶頂期の記録を更新できない。進学率も二度と戻らず、大学の5分の1に沈んだ。今や存続の危機さえ囁かれる。

しかも、である。高等教育全体が着々と騰勢を強めている間に、短期大学は一方的に衰退の道を歩んでいるのである。対照的な状況を見てみよう。

◆高等教育の勢い

57.3％。平成29年（2017）における大学・短期大学への進学率である。この年もまた記録を更新した。これに、高等専門学校の4年次に進級した人と、専門学校（専修学校専門課程）への進学者を加えた高等教育機関全体の進学率は80.6％と、未曾有の高みに達した。高卒者五人中四人が進学したことになる。

過去の記録と比べてみる。前回の東京オリンピックが開催された昭和39年（1964）の高等教育への進学率はわずか20％であった。元号が平成に替わった年は53％弱だった。いかに急ピッチで進学率が上がってきたかがわかる。

進学者の数はどうだろうか。日本の高等教育の特徴の一つは、欧州諸国等と異なり、高卒直後とその後の数年のうちに入学する人が圧倒的多数を占める点にある。故に行政も学校も18歳人口を注視し、その増減と将来予測に一喜一憂

18　第1部　短期大学の足跡と再興への処方箋

することになる。最近の18歳人口は平成4年（1992）にピークを迎え、約205万人に達している。この年か翌年には、各高等教育機関も入学者数が当時のピークに達した。合計でのピークは平成5年の118万人と記録されている。

　その18歳人口だが、以後25年間減少の道をひた走り、平成29年には120万人を切ってピーク時の6割を割り込んでしまった。今後の長期的な減少も見込まれている。にも拘らず、進学者の数は96万6000人弱だから、ピーク時の8割強にとどまっていることになる。人口が減少しても進学者の割合が増している。今の高等教育には勢いがある。

◆大学の爆発的拡大

　こうした我が国の高等教育の勢いを支えているのは、まぎれもなく大学である。ちなみに高等専門学校も専門学校も、最近は大きな量的変化が見られない。それに比べて、大学はドラスティックに変わった。

　先ず学校数を見てみると、東京オリンピックの昭和39年（1964）には291の大学があった。それが、平成元年（1989）には499校となり、平成29年には780の大学が拡張する高等教育を支えている。18歳人口ピーク時の大学数よりも46％多い。

　大学進学者の数も大幅な増加傾向が続いている。平成29年の62万9000人余は、18歳人口ピーク時の進学者よりも13.5％多い。18歳人口が40％以上のマイナスなのに、この増加である。驚異的と言える。進学率は52％強。過半の高卒者を大学が受け入れていることになる。

　大学院生等も含めた学生総数は、平成29年に289万人超に達した。これは18歳人口ピーク時よりも、約50万人、21％の増加である。大学院の大幅な膨張が主な理由だ。ついでながら、私立大学の躍進が大きい。18歳人口がピークを越したというのに、大学数が55％も増え、学生数も21％の増加である。

　ここで大学の騰勢の背景を論じるいとまはないが、少なくとも以下は指摘できよう。今世紀は知識基盤社会と言われ、高等教育がかつてない程に重要となっている。高等教育を受けることが人生に豊かな可能性をもたらすということ

を、人々は暗黙のうちに合意し、期待している。ましてや、学びを尊ぶのは日本人の国民性であり、経済的負担が非常に重いにも拘らず、人々は進学し、あるいは進学させている。この指摘の適否はともあれ、近頃は高等教育を無償化する政策を掲げる政党もあって、何かと注目を浴びる高等教育の発展である。

◆短期大学の凋落

ところが、短期大学は大学の爆発的躍進と真逆の様相を示し、その凋落ぶりが際立っている。学生確保の不首尾、規模の縮小、経営の悪化、質の劣化等が相互に絡まり、短期大学は負のスパイラルに陥っている。活況の高等教育の中で一人負けだ。圧倒的多数を占める私立短期大学に、危機の状況を見てみよう。

入学志願者数も入学者数も、18歳人口がピークの平成4年（1992）に最多を記録し、以後一貫して減少している。平成29年の志願者は1割に激減し、入学者はピーク時の3割に過ぎない。大学が入学者数も進学率も記録を更新し続けているのに、この収縮ぶりは異常である（図3）。

進学率の低下も顕著だ。学生の圧倒的多数を占める女子の動向を見ると、短期大学への進学率は昭和50年（1975）から長く20％台が続き、平成6年に最高の24.9％を記録している。その後は一直線に減り続け、平成29年の女子進学率は8.6％にまで下落した。大学への女子進学率49％と比べるべくもない（図4）。

ただ、入学者数の減少も進学率の下落もシェア低下の証しにはなるが、これだけで短期大学が危機に陥ったとは言えない。短期大学は18歳人口のピーク時以降、校数も定員も大

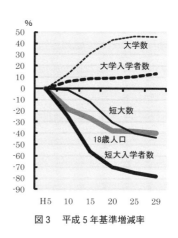

図3　平成5年基準増減率

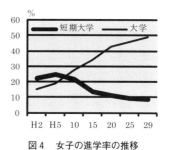

図4　女子の進学率の推移

20 第1部 短期大学の足跡と再興への処方箋

幅に減じてきた。理由は後で述べるが、その減少に比例して入学者が減るのなら、縮小均衡ながら正常だ。問題は、定員を満たす学生を確保しているか否かだ。

そこで入学定員充足状況を見てみると、酷い状態に陥った短期大学の姿が見えてくる。18歳人口のピーク時前後には、短期大学全体の定員充足率は120％台にあった。定員を2割以上上回る学生を受け入れていたわけだ。しかし、ピーク時を過ぎると定員充足率は急速に下落していく。わずか3年後には定員を充足できなかった短期大学が50校を超え、その2年後には100校を超えた。さらに2年後の平成11年（1999）になると、過半数の短期大学が定員割れに陥る。平成29年の未充足校は、67.1％と記録された。つまり3分の2以上の短期大学が定員を確保できていない。惨憺たる状況である。

定員未充足については、一定の傾向が知られている。概して定員規模の大きな短期大学が充足率は高く、小規模短期大学の充足率は低い。大都市を抱える都府県の充足率は高く、その他の地方の充足率は低い。すなわち、大都市圏以外に所在する規模の小さな短期大学は、より厳しい状態にあると言える。

一方、個々の短期大学の定員充足状況を2年連続で観察すると、別の厳しさが明らかとなる。定員割れとなった短期大学のうち翌年に充足できたのは、2割未満の短期大学に過ぎない。ひとたび定員割れに落ちた短期大学にとって、定員を挽回するのは非常に難しいのが現実である。

◆規模の収縮と赤字への転落

入学者が減り続けると、在籍学生数は長期減少の道を辿る。ピーク時の平成5年（1993）に付けた学生数53万人は、平成29年には12万4000人弱に沈んだ。77％近い減少である（図5）。大学生が21％増えたのと対照的である。

校数も大幅に減った。廃校が相次いだためである。理由の第一が国立短期大学の廃止だ。最盛期に41校あったものが平成21年迄に全て閉じられた。

次に公私立で最も目立つのが大学への転換である。短期大学に代えて大学を新設したもの、既設大学の学部等に転換あるいは定員や施設を吸収したものである。平成10年代が転換・廃校の最盛期であり、私立だけでも152校がこれに

当たる。他に大学の新増設に関係なく廃校とした例もあるが、極端な経営悪化など理由は区々であろう。平成9年（1997）に504校に達した私立短期大学は、平成29年には320校となり、これは37％の減少である。近々の廃校予定も仄聞する。縮小傾向は続きそうである。

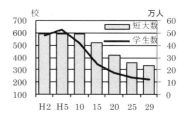

図5　短期大学数と学生数

　ところで、学生数の減少は学校規模の縮小と、財務状況の悪化を呼んだ。

　前者については、一校当たりの平均学生数の変化によって、一目瞭然である。ピーク時の私立短期大学は、平均980人程の学生を擁していたのだが、10年後の平成15年（2003）には500人を割り込み、平成29年には370人弱、ピーク時の4割以下に縮小してしまった。極端な小規模化である。

　後者の財務状況だが、学生数の減少が続くと学費に依存する私立学校は苦境に立たされる。収入が激減する一方で、人件費などの経費が下方硬直性の強い特性を持っていることから、経営に困難をきたすのである。短期大学はその典型例となってしまった。収支バランスが崩れ、赤字に陥る短期大学が増えた。

　私立学校会計では、事業活動収入から事業活動支出を引いた金額を基本金組入前収支差額（平成26年までは帰属収入－消費支出＝帰属収支差額）と言う。差額がプラスなら黒字、マイナスなら赤字。差額の収入に対する比率が損益率だ。

　その観点から短期大学の損益率を見てみると、長い間毎年20％～30％台を保ち、ピーク時の平成4年（1992）には28.4％を付けた。非常に優良な収支体質と言える。その後の学生数の急減に伴って損益率は急低下する。10年前の平成19年には初めてマイナスに転じ、以来赤字傾向が定着してしまった。平成28年の損益率は0％、赤字校は全短期大学の54％に達している（表1）。

　赤字が続く短期大学は、その存立さえ危ぶまれる。かつて収支効率の良い大学として、「私学の花形部門」と称

表1　赤字校数とその割合

	H 5	H15	H28
短期大学数	59校	205校	173校
構成比	11.9%	45.9%	53.9%

された短期大学であった。今や往時の面影はない。

◆質への憂慮

短期大学の衰退について、定量的な面は明らかにしやすいが、並行して進行している質の劣化は外部の人々には目立たない分、より深刻かもしれない。特に、憂慮すべきは学生の基礎学力や学習意欲の低下であろう。さらに、活況の分野を除いて卒業時の学習到達度の低下が深刻な問題である。

その背景として何点か指摘できる。進学率が高いために高校の成績下位者も志願者に多くなった。需給関係が供給側に不利であり、定員割れを防ぐために資質の低い志願者も受け入れざるを得ない。推薦入試やアドミッション・オフィス入試等を通して、学力検査を経ないで入学する学生が急増していることも問題だ。最近の私立短期大学入学者の、8割以上がこれに該当する。

事実上「学力不問」とも言える選抜方法の普及である。これが、基礎学力や学習意欲が低い志願者や、進学動機が曖昧な志願者でも容易に入学できる状況を生み出した。その結果、短期大学において学生の学力低下や目的意識の稀薄化が顕在化してきたと言える。ただし、これは短期大学だけの現象ではない。大学や専門学校にも共通した問題であることを指摘しておきたい。

質の劣化を語る時、学生の学力だけを問題にしては不公平である。むしろ、短期大学が自己の責任で果たすべき教育研究条件の維持・向上の方が、より根源的な質の課題である。校舎や設備備品等の物的条件、教員等の人的条件、教育研究を支える金銭的条件が挙げられるし、将来の校舎建て替えや設備備品の更新に備える積立金も重要だ。教職員の職務遂行能力や学生支援の情熱、教員の授業力や学生指導の力量等、無形の価値も質に大きな影響を持つ。

これらの質の課題について、整備状況を点検し評価を下す適当な基準も統計もないので、実際には質の劣化を客観的に吟味することができない。

ただ、教育条件の維持向上や無形の価値の向上に影響する大切な要素が劣化していることは確かである。先に述べたような赤字の連続によって条件整備に十分な予算を割けない状態や、止めどない規模の縮小がもたらす教職員の士気

の低下、あるいは自信の喪失である。経営陣の士気の低下も気になる。あまりの凋落に意気阻喪してなすすべもなく、消極的な守りにこもって無為に過ごしている、そんな経営者が少なくないように思える。ひたすら国の救済を当てにし、少しでも他より有利な扱いを期待する人が多いのも気にかかる。

これら可視化し難い質の劣化が、水面下でじわじわと短期大学を蝕むであろうことが、大いに憂慮される。

◆短期大学は絶滅危惧種なのか

短期大学関係者は、衰退が長引くにつれて次第に自ら悲観論に傾倒しつつあるのではないだろうか。悲観論は年ごとに勢いを増し、極端な「短期大学使命終焉論」も囁かれている。使命終焉とは、微妙である。筆者も、伝統的な短期大学の機能の一部については、使命を終えたと思っている。しかしこれは後で触れるように、一部についてであって、大きな目で見れば我が国に短期の高等教育が不要だとは決して思えない。諸外国の現状を見ても、いわゆるカレッジ教育等、短期高等教育が国の中間層を支えて健全である。我が国もそうあらねばならない。短期大学の再興を図らねばならない。筆者はそう思っている。

それでも悲観論は次々にやってくる。最近は「短期大学は絶滅危惧種」という囁きも聞かれる。誰が始めた酷評かわからないが、もしや短期大学人が自嘲気味に言い出したのではないかと、気になっている。

果たして短期大学は絶滅危惧種なのだろうか。そのような激越な決めつけにいちいち反論するよりも、実は短期大学だけが危機に陥っているのではなく、短期大学のシェアを奪い取ったかに見えた大学にも、刻々と危機が迫っていることを指摘しておく方が有用であろう。

全体としての大学は、校数や学生総数等を見る限り、確かに今も騰勢を強めてはいるが、その陰で別な顔も潜んでいる。限られたページ数で詳述する余裕はないが、簡単な指数を示して感触を述べてみたい。

私立大学では小規模校が増えている。主に最近新設された大学である。学生数2000人以下の小規模校が全体の58％を占めるが、全学生の15％程度が在籍し

ているに過ぎない。一校当たりの平均学生数は900人以下である。一方で、わずか10％の大規模校が全学生の50％を抱えている。こちらの平均学生数は、1万7000人近い。すなわち、大学の世界は大規模校による寡占状態にあり、半数を占める小規模校の苦戦が、これだけでも想像できよう。

入学定員充足状況を見ると、過半を占める小規模校を中心に定員割れ大学が約4割に達している。概して小規模になるほどマイナスが大きい。大都市を擁する都府県では充足しているが、その他では未充足状態にある。特に東北、中国四国、九州の大都市圏以外では軒並み厳しい定員割れである。

ひとたび定員を割った大学が翌年に挽回するのは、短期大学と同じように難しい。最近ではわずか13％〜20％の大学だけが成功しているに過ぎない。

財務状況も悪化している。事業活動収入で支出を賄えなかった赤字大学は、平成27年（2015）には40％を超えてきた。特に小規模な大学の赤字率は高く、中でも大都市圏以外の地方の小規模校は、ひときわ厳しい状況にある。

加えて大学には、質の競争の激化という懸念材料が見られる。大学の改革、とりわけ教育改革の圧力は年々高まっている。中央教育審議会が新たな改革提案を休みなく発し、文部科学省が直ちに施策として取り上げて大学に迫る。まるで機関銃のような連打である。大学では学長等の執行部の教職員を中心に、陰で改革疲れを訴える声を聴くことが多くなったように思える。

大学振興のための国費の注入も、大学を競争させて勝者に配分する傾向が高まっているが、これはこれで教職員に疲労感や徒労感を募らせている。静かに日々の教育研究に取り組む余裕を大学から奪う可能性が否定できない。短期大学と同様に学力面で問題の多い学生を抱える中、教員の疲弊が憂慮される。

こうして、危機は短期大学だけではなく、大学にも迫っていることがわかる。しかも、定員割れや赤字化については短期大学が先行しているものの、大学も確実にこれを追っていることが観測される。

ならば、絶滅を危惧されるのは短期大学だけではなさそうである。短期大学も大学も、遠からず存廃の危機に晒される学校が少なくなかろう。少子化は容赦なく進行する。縮みゆくパイを巡って、し烈な競争が不可避である。短期大

学も大学も、明るい未来を安んじて迎えることはできない。

　ならば、それぞれの立場でこの時代の危機に挑まなければならない。差し当たって、短期大学や大学の何が問題かを突き止める必要がある。さらに、この国の高等教育そのものを大局的な見地から急ぎ検証する必要がある。人口減少と高等教育機関の増殖が同時進行している矛盾をどう考え、構造的欠陥をどう整理して我が国の高等教育を健全に維持・向上させていけばいいのだろうか。

　いわゆるグランドデザインの見直しを含めて、議論をスピードアップすることが、喫緊の課題である。

第3節　短期大学が背負った期待と現実

　短期大学の急激な発展と凋落は、なぜ起こったのだろうか。筆者なりに突き詰めていくと、発足当初から短期大学が期待された社会的役割について、現実の短期大学が首尾よく呼応した面だけでなく、その歩みに生じた微妙な離齬が見えてくる。この点を最近の状況と併せて検証してみたい。

◆職業教育の大学

　職業教育こそ、短期大学に期待された教育の本流である。歴史的・制度的側面と最近の現実的な側面とに、その証しを求めることができる。

　短期大学の発足に先立ち、昭和24年（1949）8月に公布された短期大学設置基準は、短期大学の目的、性格について次のように定めている。

　「短期大学は、高等学校の教育の基礎の上に二年（又は三年）の実際的な専門職業に重きを置く大学教育を施し、良き社会人を育成することを目的とする。」

　その秋に出された解説書では、この「実際的な専門職業」について、「セミ・プロフェッショナルの職業」、と定義している。これは、医師、弁護士等のような大学教育を必要とする専門職業と、高等学校で教育される程度の職業との中間程度にある専門職業を言うのであって、セミ・プロフェッションの教育を施すことが短期大学の特色である、と解説している。

こうして設置基準と解説書を併せ読むと、短期大学は中堅の職業人として良き社会人となる人材を育成することが目的とされ、あくまでも職業に必要な専門教育を行うことを使命として創設されたことがわかる。

しかしながら、実際の短期大学の歩みは、これとは違った。時代のニーズに応じて学校数も学生数も急速に伸びていく過程で、女子の高等教育の主流の座を占め、職業教育とは縁遠い分野が大きく花開いていったのである。

分野別の学生数を見ると、全盛期には大学の文学部の相似形のような人文科学系の学科、特に国文学、英文学、語学、教養、文化系が多数を占めている。卒業生の多くが就職せず、あるいは短期間で退職して家庭に入るなど、短期大学は「花嫁学校」と揶揄されるほど、職業教育とは無縁の分野が栄えた。

大学の家政学系の相似形学科も多数誕生している。正確な統計はないが、この分野には栄養士等として就職を目指す学生と、家政学を主婦の教養として学ぶ学生が、混在していたものと思われる。一方で教育や保健等の分野で職業教育に重点を置く学科も設置され、女性の社会進出を支援した。

それでも、総じて短期大学は、当初期待されたように職業教育に特化した大学として独自の道を開拓するよりも、大学の補完機能を発揮しながら発展へと突き進んだと言える。

そして短期大学は、急激に不振の時代へ突入する。かつて隆盛を誇った分野の学生数は著しく減少し続けた。特に、人文系は10分の1以下に、家政系も社会系も芸術系も2割以下に沈んだ。しかし、数の減少だけに心を奪われてはいけない。学生総数は4分の1に減ったが、目を凝らして見ると、教育や保健といった特定の人材養成を目的とする職業教育中心の学科が健在である。減少率は小さく、相対的に元気な

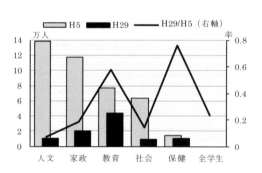

図6　私立短期大学主要分野別学生数と減少状況

ことがわかる（図6）。

図7は最新の分野別学生数の割合である。表にない工業系を含めると、職業人養成系の学科で全体の70％近く

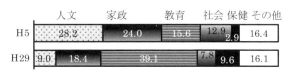

図7　私立短期大学主要分野別学生の割合（平成29年）

を占める。教員養成や保育士養成の教育系が首位を占め、家政も減少率は高いが栄養系を主になお学生数は多い。

こうして見ると、職業人養成が短大教育の主流に回帰しているのではないか。短期大学は当初期待された職業教育へと、自然に収斂されつつあると筆者は考えている。

◆大学教育の普及と成人教育

初の短期大学設置基準は、短期大学の役割について、職業教育の他にも「大学教育の普及と成人教育の充実を目指す新しい使命を持つもの」であり、「大学との連けいの役割も果たすことができる」と規定した。

この期待に対する達成度を客観的に判定する指標はないが、「大学教育の普及」は十分に達成したと思う。すでに述べたように、全国の中小都市にも設置され、往時の社会情勢や父母の教育観に合致した短期大学は、とりわけ女子の高等教育への進学に多大な貢献をした。大学教育の露払いを勤め上げたと言える。後年そのシェアを大学に奪われる結果となるほどに、短期大学は大学への有形無形のバリアを取り除き、大学教育の普及に寄与したと言えよう。

「大学との連携」について、具体的にどのようなことを期待されていたのか定かではないが、大学との協定によって編入学の道が開かれ、多くの卒業生がその道を歩んだのは事実だ。また、学生の学修に寄与する連携が、特に私立短期大学において多く見られる。併設された短期大学と大学が、それぞれの特徴と得意な指導法を持ち寄って共修や単位互換の仕組みを工夫し、学習機会の拡大や学習効果の向上を図っているのは、その好例である。

28　第1部　短期大学の足跡と再興への処方箋

「成人教育」の意味するところは奥が深い。昭和20年代に、現在の生涯学習に匹敵する理想が語られ、制度が定着していたとは思えないが、新参の短期大学に成人教育を期待した意味は大きい。深い先読み、時代の先取りと言える。だが、成人教育への期待を短期大学はしっかり受け止めたかと問われれば、答えは甚だ心もとない。生涯学習を柱に据えるということは、未達成にして今後も続く非常に重要な課題である。また、未来を切り拓く鍵であると言える。

◆大学中心主義の壁

　高等教育の主力セクターは大学であり、ロールモデルとなる存在だ。短期大学はその機能を補完する立場であり、何事も大学に準じて進むべきだ。こんな思いが行政にも短期大学関係者の間にも潜在的に強いようである。

　特に我が国の高等教育行政は、一貫して「大学中心主義」に終始している。設置基準や設置認可審査をはじめ、短期大学に関わる広範な行政は、大半が大学対応の焼き直しに過ぎず、短期大学は大学であって大学でないような扱いを受けている。「半分大学」と揶揄されるような扱いである。

　財政支援も、大学中心に組み立てられている。競争的資金の獲得は、小規模校の多い短期大学に不利に働き、私学助成の基礎たる一般補助でさえ、配分基準に大学との差異があって補助金格差を広げている、との指摘もある。

　短期大学教育への関心の稀薄化も心配である。かつて、短期大学の全盛期だった平成3年（1991）には、設置基準の抜本的改定を促すに際して、当時の大学審議会は『大学教育の改善について』と『短期大学教育の改善について』の二つの答申を同時に示した。その後、大学教育については幾度となく中教審の俎上に載せたが、短期大学教育を審議対象とすることはなかった。この間、大学院や高等専門学校については議論を進めて答申を出している。短期大学だけが置き去りにされた。中教審が、短期大学教育をテーマに小さな検討チームを発足させるには、平成25年（2013）まで待たねばならなかったのである。

　大学中心主義は、行政サイドだけでなく、実は短期大学関係者の間にも潜在的に蔓延している。率直に言わせてもらえば、短期大学の経営陣にも教員の間

にも、何かにつけて大学を上位に置き短期大学を下位に置くような、劣等意識的な思考回路が根付いているように思える。特に教員にこの傾向が強い。短期大学の人材養成目的は大学と異なるにも拘らず、教育計画は大学をモデルにして組み立て、教育内容も指導方法も大学に倣う風潮が見られる。いわば、大学憧憬型メンタリティーである。

行政、短期大学人の両側に蔓延するこんな大学中心主義の壁が、大学教育と一線を画した短期大学教育の独自性の確立を阻む。そう思えてならない。

◆不幸な発展

短期大学は、発足時の制度的迷走にも拘らず、時代の追い風に恵まれて急速に拡張を遂げた。殊に女子の進学率は大学を長い間上回り、多くの有為な人材を世に送り出した。短期大学は、個々には課題を抱えながらも、早々に我が国高等教育の一角を確保していった。

同時に、順調過ぎる発展が、短期大学のアイデンティティと教育の独自性確立への努力を遠ざけ、後年の短期大学危機の要因となった、と筆者は見る。

もちろん、独自の境地を拓いた短期大学の例は多い。専門的職業に直結した分野での成功や、大学を凌駕する社会的評価を得た優秀校も挙げられる。だが大勢としては大学を模した教育課程、教育方法に依拠した。進学率の向上に背中を押されて、さしたる苦労もなく学生を確保し、短期大学独自の教育とは何かという根源的命題を追究することなく、繁栄への道を走った。

経営面においても、その経営効率の良さによって私学を潤した。この繁栄がもたらした潤沢な内部留保金が、不振の時代に大学への転身の原資となり、短期大学の一層の規模縮小につながった。何とも皮肉な流れである。

短期大学が享受した過去の繁栄とは、自らの努力で独自の道を開拓したというより、大学に追随することによって手にした繁栄だったのではないか。大学とは違う、専門学校とも違う短期大学教育構築の必要性はつとに語られたが、実際的かつ組織的取り組みに見るべきものは見当たらない。

学校教育法の定める短期大学の目的、「職業又は実際生活に必要な能力を育

成する」ことを建前としつつも、実質は大学の補完機関、半分大学の地位に甘んじた「大学憧憬型教育」が支配したのではないか。とりわけ数の上で多数を占めた人文系、教養系の学科に多い例である。18歳人口がピークを過ぎ、大学に入学しやすくなると、これらの分野で真っ先に定員割れが進んだのは、当然の結果なのだろう。

　短期大学が追い風に酔っている間に、時代は激しく変わった。大学進学率は大きく上昇し、女子の大学志向に拍車がかかった。職業教育では専門学校が競争と淘汰を繰り返しながら力をつけ、社会の評価を高めてきた。大学もまた、生き残りをかけて広範な専門職業教育に進出してきた。短期大学が両者の狭間に沈みがちな危機感を実感し始めた時、少子化社会が直ぐそこに迫っていた。規制緩和による大学規模の爆発が、さらに短期大学を追い詰めた。定員割れや廃止に関する報道が、短期大学の地盤低下を国民に一層印象づけてきた。

　短期大学不振の原因は単純ではない。しかし、他の先進諸国の独自色鮮明な短期高等教育機関と比べると、我が国の短期大学の歩みは、大学との差異をきちんと確立できずに年月を浪費した、甚だ特異なものであったと言える。

◆学位は短期大学を救えるか

　不振の時代の短期大学にとって、最大の慶事は学位授与機関として認知されたことであろう。中教審の平成17年（2005）２月の「将来像答申」を受けて、同年10月には「短期大学士」の学位が誕生した。これを短期大学サイドから見ると、「短期大学は大学である」という不思議な闘いでの勝利を意味する。

　制度上は間違いなく大学なのだが、行政や受験産業や一般国民がともすると短期大学を一人前の大学として扱わない傾向があり、この不当な状況を何とかしたいというのが短期大学関係者の長年の悲願であった。一人前とみなされない原因の一つとして、学位授与権がないことを挙げる意見があった。

　さて、学位授与権を得たのは慶事には違いない。だが手放しで喜べるのだろうか。筆者には、体力の弱まった短期大学が重い荷を背負ったように思えた。

　中教審が短期高等教育機関の中で短期大学にだけ学位授与を認めた根拠は、

大学の学士課程と同様に「大学における教養教育」を行う点にある。さらに、短期大学を含めた大学における職業教育が、「教養教育の基礎の上に立ち、理論的背景を持った分析的・批判的見地からのものである点」で他の機関のそれと異なるのだ、と整理した。しかし、このような大学らしい教養教育も、高いレベルの職業教育も、学生の資質・意欲に問題を抱えた短期大学が、現行の授業日数、時間数で成就するのは容易でないことに思い当たる。やり方次第では短期大学教育の自由闊達な展開の足枷になり得る。

より現実的には、学位で志願者を呼び戻せはしない。実際に、一部関係者の期待と自信を裏切って、学位が志願者の増加に寄与した形跡は見られない。

そもそも、短期大学士とはいかなる能力を保証する学位なのか、真摯な議論さえ行われていない。学士、短期大学士という大衆化した大学の基礎的学位は社会にどう評価され得るのか。一考を要する課題である。

第4節　多様な可能性

瀕死の短期大学は、歴史から消え去るしかないのか。そうは思えない。他の先進国と同様に、我が国にも高等教育の多様な選択肢が必要である。その一角を失うのは甚だ不幸なことだ。短期大学は、重要な役割を果たして走り抜けた前世紀を誇りにしつつも、時代に追いついて再興の道を切り拓くべきである。

実は、短期大学の未来を模索する公私の動きがある。筆者が深く関わった三つの文書に、短期大学の多様な可能性を見てみよう。

◆『短期大学教育の再構築を目指して』

短期大学が加盟する最大の団体、日本私立短期大学協会は、平成21年（2009）1月に『短期大学教育の再構築を目指して―新時代の短期大学の役割と機能―』を刊行した。短期大学、国、地方公共団体等、多方面に向けた総合的な提言書だ。

契機となったのは、質量両面にわたる問題の深刻化と危機意識の高まりだっ

た。協会は危機に立ち向かう方策を検討するために、協会役員と外部有識者から成る特別委員会を立ち上げた。委員長を筆者が務め、約1年の審議を経て報告書にまとめた。これを理事会が協会の公式文書に定めたのが本書である。

内容は、①短期大学の60年を振り返り、栄光の時代と不振の時代の問題点を整理し、②諸外国の短期高等教育と比較しながら新しい時代の短期大学像を描き、③短期大学教育の再構築に向けた多様な提言を示すとともに、④短期大学協会や国が取り組むべき施策を提言する、という壮大なものである。

提言の中核となったのが、短期大学が担うべき「六つの役割、七つの機能」である。短期大学がこの国、この社会に貢献するための多様な可能性を提示し、それぞれの役割と機能について、時代背景や短期大学の特性との関連で説明している。中でも「高等教育の機会均等を確保する役割」が柱である。

その根幹をなすのは、"全ての国民に高等教育の機会を"、とする主張だ。ほぼ全ての国民が高等学校で学ぶようになって久しい。人材立国を目指すこの国は、全国民に高等教育の機会を提供することを次なる目標とすべきである。先ずは、短期大学卒業程度を国民全体の学習到達基準とすることによって、実現できる。短期大学は全国の中小都市にも存在し、アクセスしやすい。修学期間が短く学費負担が軽い。機会均等に貢献できる、と指摘した。

次いで、短期大学が多様な教育機能を持つ可能性を例示している。各短期大学は、建学の精神や持てる資源を勘案していずれかの機能を選択する。複数の機能を併せ持つ場合は、比重の置き方を変え、変更することもできる。比重の違いが、すなわち各短期大学の個性・特色の表れとなる、とした。

一方で本書は、短期大学士課程の充実こそが常に変わらぬ最重要課題であるとし、その再構築の必要性と具体策を提言している。特に画期的な点は、短期大学士課程で養成すべき人材像を初めて定義したことである。「創造性と倫理性を備えた、真に社会の中心的役割を支える良質で勤勉な社会人であり、我が国の人材立国を支える中堅実務者」である。

さらにこの提言書の特色は、「非学位課程」の開発を推奨している点にある。特に専攻科は設置が容易な非学位課程であり、その柔軟な活用によって高度な

第1章　短期大学の衰退と再起への道　33

職業資格の取得を目指す等、新たな教育の開発ができる、とした。

　正規課程の枠外で、多様な科目を開設することも本書は勧奨する。職業教育、教養教育、芸術分野の教育等、学位の不要な人々の学習ニーズに応える、あるいはそうしたニーズを掘り起こすプログラムの開発である。科目の組合せで一定の体系を持った課程を創設することもできる、とした。

　こうして本書は、学位課程を中心にしつつも短期大学教育の多角的な展開を強く推奨する。目指す先には、人々の生涯学習拠点に成長していく短期大学がある。それこそが短期大学の活路である、と本書は主張する。

　他にも、提言は広範に及ぶ。短期大学協会等関連団体の役割と機能、国が取り組むべき施策や、地方公共団体の高等教育へのコミットメントの必要性等、短期大学の再興に向けて多様なセクターの奮起と協力を促している。

　本書が提示した短期大学の新たな役割と機能は、後に続く中教審等、様々な議論の場で中心的課題として引き継がれていった。文部科学省が短期大学教育に関する調査研究を委託し、中教審が短期大学のあり方を審議する専門チームを発足させる等の国の動きは、本書が促したと言えよう。

◆今後の役割・機能に関する調査研究

　短期大学再興に向けた二つ目の文書は、先の協会の提言を受け、文部科学省が平成21、22年度の先導的大学改革推進委託事業として募集した「短期大学における今後の役割・機能に関する調査研究」の報告書である。

　この事業は筆者の本務校が委託を受けたが、他の私立短期大学の学長、教員、それに他大学の高等教育研究者多数が分担参加した。総勢、52名。短期大学人と短期大学を知る研究者の、総力を挙げた調査研究と言える。

　具体的には、以下のテーマを設け、それぞれの研究チームで同時並行的に調査研究を進めていった。①短期大学士課程における分野横断的・共通的な学習到達目標の設定、②専門的職業能力の育成、③学士課程等への接続教育、④地域の生涯学習拠点としての機能、⑤海外における短期高等教育制度、⑥短期大学設置基準のあり方、である。いずれについても、今後の短期大学に求める具

34　第1部　短期大学の足跡と再興への処方箋

体的施策について一定の提案を行うことを目指した

　重要な成果の一つに、短期大学士課程における分野横断的・共通的な学習到達目標の試案がある。ここでは、社会人に期待されるコンピテンシーを整理し、卒業生が活躍する教育施設・企業など1万3800あまりの事業所と私立短期大学全校を対象に質問紙調査を実施した。その結果と訪問調査、先行研究等を考察して、短期大学が育成すべき汎用的な能力案を作成し、これを分野横断的・共通的能力に据えたモデル・コアカリキュラムの試案を提示している。

　もう一つの重要な成果は、卒業生が多く活躍する幼児教育、保育、介護福祉、ビジネス実務の4分野につき、短期大学における専門的職業能力の到達目標を示したことである。ここでも、各種調査および先行研究をもとに、各専門的職業能力を育成するためのモデル・コアカリキュラム案を示している。

　短期大学は、どんな能力を持つ人材を社会に送り出すのか、改めて社会に明示する必要がある。モデル・コアカリキュラムはそのための有効な手段となり得る。今後様々な場で議論を重ねて、この大胆な試案を精緻なものに仕上げることが望まれる。その他、この文部科学省委託研究の成果が示唆するものは多い。様々な議論の材料に取り上げられることが期待される。

◆中教審『短期大学の今後の在り方について』

　日本の高等教育のあり方を審議し、教育制度や法令の変更を審議する中教審の場で、20年以上も短期大学は議論の的にならず、大学と教育目的が異なるにも拘わらず、大学の添え物程度の扱いを受けていた。これは由々しきことである。中教審の末席に長く連なっていた筆者には、忸怩たる思いがあった。

　前述のように、短期大学協会の提言書や文部科学省委託研究などが中教審の背中を押してようやく機が熟し、平成25年（2013）末に大学分科会大学教育部会の中に短期大学ワーキンググループ（以下、「WG」）が置かれた。筆者は座長を勤めた。

　WGは、主な論点を、①短期大学の教育のあり方、②短期大学の役割と機能、③短期大学教育の質保証、④コミュニティ・カレッジ機能のあり方、と

整理して、約8ヶ月間、集中的かつ精力的に審議を進め、平成26年（2014）8月に審議まとめを書き上げて任務を終えた。

審議まとめを貫く骨格は、高等教育機関としての位置付けを再構築するために、短期大学自らが改革に取り組み、国は短期大学の特色に応じた機能別分化を推進すべきだという主張である。また、国には制度改善や財政支援等の役割があり、基盤的経費の充実、先導的取り組みへの支援、学生に対する経済的支援、広報の充実等に努めるべきである、という主張も骨格とした。

具体的には、今後の短期大学が果たすべき役割と機能をそれぞれ四つに集約した点が意味を持つ。いずれも、協会の提言書を下敷きにし、精選したものと言える。さらに、国が支援対象とすべき短期大学の先導的な取り組みを例示した。これらの支援が目指すのは、我が国の今日的課題である地方創生と女性の活躍に向けて、短期大学がその特色を生かして貢献することである。

以上、短期大学の針路を考える材料が凝縮された三つの文書を紹介した。短期大学協会が広範な論点をまとめたのも、中教審が短期大学のあり方についてこれだけ広く提示したのも初めてであり、意義深い。特に地方における高等教育の機会均等の確保や、非学位課程を活用した生涯学習事業の推進という、筆者らの主張が初めて公式文書に取り入れられた意味は非常に大きい。今後の短期大学振興策が、この筋に沿って行われることを期待したいものである。

第5節　再起に向けて

最後に、私見を述べたい。今後の短期大学に共通した中核的機能は何か、再起への必須条件は何か。筆者は長きにわたり自問し、試行錯誤の自答を続けてきた。現段階までに辿り着いた見解を述べておきたい。

◆キャリア教育・職業教育の重点化

職業教育こそ、短期大学教育の本流である。筆者は本気でそう思っている。だが、この考えは、短期大学関係者に快く受け入れられないことが多かった。

文部科学省「学校基本調査」H29速報

図8　卒業生の就職　職業別割合（平成29年）

筆者はそれを歯がゆく思い、大学における職業教育の高まりや職業人育成に特化した専門学校の躍進を、複雑な感慨を抱きながら見てきた。

　短期大学は、制度恒久化以来、学校教育法で「職業又は実際生活に必要な能力」の育成を目的とされている。それにも拘らず、多くの職業分野において社会的評価を高める努力が欠けていたから、後発の専門学校に本来の牙城を奪われたのではないのか。筆者にはそう思えてならない。

　短期大学がもっと職業教育に力を注ぐべきだと主張すると、それは短期大学の専門学校化であると批判する向きがある。かつての主流だった大学追随型の学科が没落し、専門職業人養成の学科が今の短期大学を支えているのは、前述した通りである。それを知りながらの批判なのである。筆者に言わせると、それは敗者の繰り言に過ぎない。

　しかも、職業教育に特化した新種の大学として、専門職大学、専門職短期大学等が近々誕生する。強力な競争相手の出現である。短期大学が危機を脱するために、短期大学自体や一部の学科を、新大学やその学科に移行する動きも気になる。詳しくは、この制度化の議論に加わった安部が第2章で述べる。

　いずれにしても、多くの職業分野において短期大学の特性を発揮し、専門学校を後追いすることもなく、それとは異なる大学としての職業教育の充実を期すことが、今の短期大学にとって何よりも重要である。

　専門的職業人の養成と、短期大学らしい汎用的実務系の職業人養成とに、分けて検討してみよう。

　先ず、専門的職業人の養成教育である。学校基本調査によると、平成29年（2017）の短期大学卒業生の62％が専門的・技術的職業についている。この数字は大学より約25ポイントも高い。短期大学にとって専門的職業教育がいかに

重要かわかる（図8）。

　専門的職業教育を強化するには、短期大学が相当のシェアを維持している職業分野が真っ先に対象となる。幼児教育、保育、看護、福祉等が代表例だ。短期大学が今も強みを発揮しているこれらの専門的職業分野を大切に守るとともに、時代のニーズに対応した他の職業分野の教育を新たに開発し、職業人養成を教育の中心に置くのが、短期大学の未来を拓く重要な鍵である。筆者はそう確信できる。

　専門的職業教育の分野では、厚生労働省等の所轄省庁が定めた指定規則があるが、これに準拠しているだけでは短期大学として全く不十分、と肝に銘じるべきである。指定規則は、各種学校から大学まで多様な養成校に一律に適用される基準であって、これに準拠するだけでは情けない。職業訓練校と何ら変わりなくなってしまう。短期大学としては、この基準を満たした上で短期大学の特徴を発揮し、より優れた資質能力を持つ人材に育てるように教育の高度化を図らなければならない。すでに紹介したように短期大学共通モデル・コアカリキュラムの策定が効果的である。各短期大学にはこれを基準としつつ、独自の付加価値を上乗せすることを推奨したい。

　例えば保育士養成では、有力専門学校と比べて学生の修業時間数が実は大きく見劣りすることを、どれだけの短期大学が意識しているだろうか。この差を埋めるためには、豊かな教養や理論の学習、調査研究能力の育成などを通して、大学らしい指導を補強することが必要だ。また、授業時数や日数、あるいは学期制の再検討などを通して、実習時数の拡大、インターンシップの導入など、手を付けられるものは多い筈である。

　看護師養成では、大学において保健師養成との分離が進み、看護基礎教育を強化・充実している姿が観測される。これにどう対抗するのか、速やかな対応が必要である。あるいは介護福祉士の養成には、中年の無業者や退職者等、従来の若い学生と違う学習者の教育ができるよう、指導体制を強化、工夫する必要がある。筆者は、勤務校に東京都からの委託生を受け入れて、その難しさを実感している。

一方、いわゆる一般就職にもきちんと対応することが必須である。いかに専門就職の学生は多いと言っても、残りの4割の学生は多様な業種の企業等へ就職し、多くは事務職、販売職、営業職に就く。この現実を踏まえ、学科の分野を問わず、一般就職に備えたキャリア教育、職業教育の強化を図るべきである。

例えば、どの職場でも要求されるコミュニケーション能力や対人対応能力を育む科目の設置や課外指導、ビジネス系の資格講座の強化、企業社会に関する理解力、分析力などを育成する演習等が考えられる。目指すはエンプロイアビリティの向上と、ビジネス社会で生きて行く強い適応力の付与である。

実際に、様々な機関や団体が、市民教養と多様なジェネリックスキルを中心としたキャリアリテラシー教育を提唱している。いくつかの例を挙げると、本書の後半で紹介する「短期大学コンソーシアム九州」は、連携取り組みの第一の課題に挙げて検討を進めた。全国大学実務教育協会が、ビジネス分野における「汎用能力育成の指導法」を平成23年（2011）に発表している。前節で紹介した文科省委託事業での、分野横断的・共通的な学習到達目標の検討も、汎用的職業教育の強化を目指した試みである。

こうして短期大学は、専門職業能力と汎用的職業能力の両面に目配りをしながら、本流である職業教育の充実を図ることが、未来を盤石にする鍵となる。

◆生涯学習拠点としての短期大学

短期大学を、地域の生涯学習拠点として機能させる構想について、先に軽く触れた。実はこの構想は、すでに昭和50年代後半から幾度となく提唱されている。ただ、公財政支援等の条件整備が伴わなかったことや、大学モデルの教育研究を志向する短期大学関係者の理解が深まらなかったことから、はかばかしい進展が見られなかった。

その後、社会全体の流動化、産業構造の複雑化が加速度的に進展した。終身雇用制度が根強く残る一方で、転職・再就職が一般化するなど状況は一変した。知識や技能は常に新たなものが要求され、キャリアアップや転職のために学びの場が必要となっている。同時に、本格的高齢社会、長寿社会が到来し、心身

ともに健康な熟年者が増加している。向上心旺盛な層が精神的な満足を求め、学びの場を欲している。単発の公開講座や講演では飽き足らず、系統立てた学び、広がりのある知を求める動きが、今後の潮流になると予測される。

そうした社会の変化とともに生涯学習が語られる今、改めて地域の多様な人材養成ニーズ、生涯学習ニーズに対応する生涯学習拠点としての短期大学を検討すべき時だと思う。コミュニティ・カレッジ化の側面も検討すべきだ。

先ず、「入学者は18歳学生が中心」という既成概念から脱却し、成人に身近な存在となる必要がある。社会的枠組みの未整備や採算性の問題を解決すべく、自治体、産業界等との連携、公財政支援の枠組みづくりも不可欠だ。

学位課程では、地域の文化・産業・歴史等を学ぶ科目を開講し、地域の人材ニーズに即した人材を養成する。産業界や自治体等から講師を起用する一方、インターンシップで学生を地域に派遣し、実践的教育の場を確保する。

非学位課程では、社会人のための資格講座、リカレント教育、転職や再就職を目指す学び直しの支援、各種教養講座等、地域の教育ニーズに対応したプログラムの開発が考えられる。教員はすでに負担の重い学位課程の教員でなく、外部から専門家を招聘することが良策であろう。プログラムのコーディネーターとして実務専門家を登用する等、柔軟な指導体制を築く必要もある。

筆者は、こうした短期、長期の自由闊達な非学位課程のプログラムを開発することによって、短期大学の未来が拓かれると信じている。参考となる諸外国の例は豊富だ。欧米のカレッジは大学との明確な棲み分けによって独自の路線を歩み、存在価値を堅持している。

公的支援の仕組みや国と地方の教育行政の分担など、今は何も整っていない。しかし、地方振興、地方分権が唱えられ、教育や人材養成に関しても地方が主導権を持つべきだとする意見が高まる時代である。高等教育では学生個人だけではなく、地域もまた受益者である筈だ。そんな自覚を地方公共団体に求め、応分の負担を求める方向性を、中教審がすでに示唆している。

行政改革や公財政支出の枠組みの変更など、関係者の発想の転換には相当な困難が予想される。いわば長い道のりとなろうが、短期大学からの積極的な発

言によって、新たな地平を拓きたい。それを心から願っている。

◆再起に向けて

　危機に陥った短期大学を再興するには、多大な困難が伴う。この困難に立ち向かう短期大学の教職員や設置主体の理事者には、不屈の意志と、いくばくかの自己否定をも伴った発想の転換が必要不可欠である。

　過去との決別が出発点となる。過去の成功体験が改革の足手まといになるのは、世の常だ。短期大学の過去の繁栄は、大学に追随し、補完的役割を担うことで得た繁栄ではなかったか。その役割は、とうに終えている。

　次に、根本的な疑問を厳しく自らに問い、社会を納得させる答えに辿り着く必要がある。なぜ短期大学は不人気なのか。社会にとって今後も短期大学が必要なのか、必要ならその役割と機能は何なのか。大学や専門学校に対して優位に立てる点は何か、大学や専門学校から学ぶべき点は何か、等々。短期大学のアイデンティティを確認するために、徹底的に自問自答すべきである。

　その上で、さまざまなレベルの決意が要る。世間の辛辣な評価から逃げないで向き合う決意、半分大学路線から離脱する決意、ユニバーサル期の大学として生きる決意、学生の変化に向き合う決意。地域の新たなニーズを進んで掘り起こす決意、産学協同教育を提唱する決意、他の学校種とのコラボレーションを仕掛けていく決意等々。

　以上、自省を込めて愚見を述べた。遂行すべき方策については各々の項で示したので、ここでは敢えて精神論を述べた次第である。

　ところで、短期大学自身による改革を促し、短期大学に引き続き一定の役割を担わせ、国民に良質な高等教育機会を提供させるために国が取るべき施策の基本は何だろうか。『短期大学教育の再構築に向けて』を書く過程で得た知見と信念に基づき、特に以下の2点を国に求めたい。

　1点目は、「全ての国民に高等教育の機会を」である。高等教育への進学率が上昇し、我が国もユニバーサルアクセスの時代に入ったとされる。知識基盤社会の進展とともに、高等教育への欲求の高まりは決して無視できない。

全ての国民に高等教育の機会を提供することは、早急に実現すべき国家目標だ。人材立国、教育立国を国是とする我が国が当然掲げるべき目標である。

2点目は、「地方の高等教育の灯を消してはいけない」である。地方の短期大学の現況は極めて深刻であり、経営危機が目前の問題になっている。特に中小都市での危機が増大しよう。廃校となれば、自宅通学しか考えられない家庭層の子女に、高等教育への道を閉ざすことになる。

地方の高等教育の灯を消さないためには、地方の高等教育支援策を見直すべきである。地域や地方公共団体も高等教育の受益者としての自覚が必要である。

最後に、夢を語りたい。夢の第一幕は、真の生涯学習社会の到来である。人間の最も人間らしい欲求は、新しいことを学び取ろうとする欲求であり、己を高めたい欲求であるという。こんな人間の本性に応えるために、先進諸国が目指すのが、生涯学習社会である。人はいつでも何処にいても、学びたい時に学ぶことができ、しかも学んだことが正当に評価される、そんな理想社会だ。

夢の第二幕は、循環型学習社会の実現である。生涯学習社会の進化形とも言えるが、人が向上の志を抱いて学びの場と就業の場を循環する生活スタイルが、当たり前になる社会である。人は何度でも学びの質を高めることができ、学びの成果を糧として仕事の質や社会的ポジションを高めていくことが可能となる。学びと就業の往還は、その都度、人生の質を高める。

難しいことではない。すでに欧米の多くの国では、カレッジ等の短期高等教育機関がそうした学びの場を用意し、多様なプログラムを提供して人々と社会に貢献している。社会も学習歴を尊重し、きちんと処遇する傾向が見られる。我が国ではこのような往還を評価するに至っていないが、今後の展開に期待したいものである。若い一時期の学修歴で人生が決まってしまうような社会と比べると、気付いた時にいつでも生活のリセットやバージョンアップに挑戦できる循環型学習社会は、人の一生をはるかに豊かにする。

そして、夢の第三幕。循環型学習社会で、短期大学が重要な役割を担うことである。未来の短期大学は、若年学習者の学位課程を充実させて社会の信託に応えつつ、非学位課程の充実強化によって新たな使命を帯び、人々の幸せと社

会の発展に貢献して行けるのではないだろうか。

　たかが夢物語だ、と切り捨てて欲しくない。道は険しく、解決すべき課題は途方もなく多い。だが、今どん底に喘ぐ短期大学人には、そんな夢を抱きながら短期大学の未来を拓いて行って欲しい。筆者は、本気でそう夢見ている。

第2章

短期大学の未来形──再構築のための教育改革

　前章で短期大学の足跡を辿った佐藤は、短期大学独自の教育とは何かという根源的命題を追求することなく繁栄の道を辿ったことが、短期大学の不振・凋落を招く原因であると述べた。日本の短期大学は、短期高等教育機関としての独自性の追求よりも、四年制大学と同じ「大学」であることにこだわり続けてきた。それは、「大学本位主義」「18歳主義」「家族負担主義」に支えられた、我が国の高等教育の発展の歴史と符合するものであったために、社会からの支持を集める教育制度として繁栄した時代もあった。

　しかし、大学憧憬型教育から脱却して、独自の役割や価値を創造しない限り、短期大学の明るい未来はやってはこない。もはや、古い体質を潔く捨てるべき時がきている。

　本章は、短大教育の独自性を高めるための教育改革の方向性に言及したものである。

第1節　生涯学習社会の形成と短期大学

◆世界の短期高等教育の発展

　「ミニ大学」への道を進み、繁栄を謳歌してきた短期大学への逆風が、1990年代後半から吹き始めた。逆風の源は、18歳人口の減少、バブル崩壊後の長引く不況、IT革命による企業での事務職削減の動き等である。短期大学の学生数・学校数は、急激に減少の一途を辿っていった。

　この頃、短期大学の新たな役割を求めて、諸外国の短期高等教育事情を調査して、範を求めようとする動きが活発化する。短期大学基準協会は、先進5ヶ

44　第 1 部　短期大学の足跡と再興への処方箋

国（イギリス・アメリカ・カナダ・ドイツ・フランス）の短期高等教育に関する研究チームを編成し海外調査を実施した。調査メンバーの共著により上梓された、『短大からコミュニティ・カレッジへ』[1] は、生涯学習時代における、短期高等教育機関の優位性を確認するものであった。同書の編者である舘昭氏は、「短期大学等、日本の短期高等教育機関は、生涯学習体系への移行に潜在するチャンスを活かしきれていない」と述べた上で、国民の高等教育の機会の拡大と生涯学習需要に応えるために適した制度として拡大する、世界の短期高等教育を紹介することを通して、短期大学改革の方向性を示した。

　アメリカのコミュニティ・カレッジ、イギリスの継続教育カレッジ、そして、第 1 章筆者の佐藤が調査した、独自の学士課程を持つカナダのブリティシュ・コロンビア州のユニバーシティ・カレッジなど、諸外国では、人々が生涯にわたって、高等教育の機会に与かることを保障するための短期高等教育制度の発展が著しい。

　例えば、筆者が、短大教育の改革の範を求めて、平成14年（2002）の秋学期に 3 ヶ月間の調査を行った、アメリカ・ハワイ州のコミュニティ・カレッジのシステムを紹介しよう。

　ハワイ州立の総合高等教育制度である University of Hawaii System では、システムに属する10校のうちの 7 校、また、学生数の 6 割が、二年制のコミュニティ・カレッジで占められている（平成27年現在）。ハワイ諸島に点在する七つのコミュニティ・カレッジに在学する学生の年齢、学習経験、生活環境は実に多様で、仕事を持ちながら授業を履修するパートタイム学生が、半数以上を占める[2]。

　大学の教員には、教えること（Teaching）、研究すること（Research）、社会貢献（Service）のバランスを取ることが求められることは、日本と変わりがないが、とりわけコミュニティ・カレッジに属する教員には「授業中心主義」であることに重点が置かれる。毎回の授業準備や学生に課すレポートの確認・添

---

1 ）　舘昭編（2002）『短大からコミュニティ・カレッジへ』東信堂
2 ）　http://www.hawaii.edu（2017. 7 .15現在）

削に割く時間は大きい。自分の教育を同僚の教員に評価してもらうための自主的なFD（ファカルティ・ディベロップメント）を企画する教員もいた。コミュニティ・カレッジの教員には、多様なバックグラウンドと能力を持つ学生を指導し、励まし、サポートしながら、彼らに高等教育レベルの授業を与えることができる能力と覚悟が必要である。教育業績は、教員評価の中心であることから、自らの教育の点検・評価・改善の内容を、定期的に教学の管理部署に報告することが求められていた。

　そして、単位や卒業の認定の基準については大変厳しい。誰でも希望すれば入学できるが、卒業するためには、かなりハードな勉強が必要である。近年、コミュニティ・カレッジでは、卒業できない学生の増加が問題になっていると聞くが、厳格な成績評価による教育の質の担保によって、納税者、資金提供者、政治家等の社会的ステークホルダーへの説明責任を果たしている。

　また、コミュニティ・カレッジという名の通り、地域（コミュニティ）の教育機関として地域住民へ高等教育機会を提供し、地域が必要とする職業人を育成することが、カレッジの主たる使命である。コミュニティ・カレッジは、地域の人々が自由に学び、集う場所であると同時に、学びの場所はカレッジ内にとどまらず、インターンシップや実習先として、地域の企業、施設や事業所等の職業現場に拡大していた。

　コミュニティ・カレッジは、誰でも希望すれば入学できるという「OPEN DOOR　教育」、教員の「バランスが取れた教育使命の実践」、教育に関する継続的な「質保証と評価管理」、多種のステークホルダーを内包する「多様なコミュニティとのつながり」を特色とし、現在も発展し続けている。

　筆者らの「短期大学コンソーシアム九州」の活動でも、教員の教育力の向上に関するFD研修の内容や方法について、これまで、ハワイのコミュニティ・カレッジ関係者から多くの示唆や助言を受けてきた。特に、短期高等教育機関としての、教育の内容・方法、教員の指導のあり方、教育成果の検証について、範として学ぶべきものは大変多い。

　このような、日本の短期大学に相当する、海外の短期高等教育機関の発展ぶ

りについては、同書の発刊以後にも、短期大学の新たな役割と機能に関する、各種の提言書や研究報告書の中で幾度も取り上げられている。第1章で紹介された『短期大学教育の再構築を目指して』（日本私立短期大学協会 2009）では、アメリカとイギリス、「短期大学における今後の役割・機能に関する調査研究」（目白大学短期大学部 2011）では、アメリカ・イギリス（イングランドとスコットランド）・オーストラリア・韓国で独自の調査を行い紹介しているのは、その好例である。

　果敢に社会的貢献を果たす欧米の先進諸国の短期高等教育は、中等教育修了直後の全ての若者と、学びを求める成人学生に開かれている。アクセスしやすい短期の修業年限での、良質で便宜的な初めての高等教育体験、職業訓練教育、専門分野転換のための第一段階教育や人格陶冶・国家社会の形成者としての資質向上の場を提供するという役割が期待されているという。

　大学の役割がエリート養成から万人のための「生涯学習社会の形成」へと、拡大・変化していく段階では、柔軟性の高い短期の高等教育機関が必要である。青年期や壮年期の社会保障的機能を備えた教育セクターであるため、一般的に入学時の選抜は緩やかで、基礎学力があれば誰でも入学が可能である。どの国の高等教育機関もそのほとんどは公立であり、授業料も低廉で、奨学金や税制控除などの支援策も充実している。「生涯学習社会」を推進する教育体系の要に位置づけられる短期高等教育の整備と拡充は、優先的な政策課題とされている。

　さらに、新たな視点として、最近の、我が国の大学の職業教育に対する関心の高まりを受けて、筆者は、短期高等教育の未来を展望する、もう一つのロールモデルとして、隣国、韓国の「専門大学」に着目したい。

　1979年に二年制の大学として発足した専門大学（保健・看護・海洋系には三年制もある）には、72万人（2015年）の学生が在学し、学生数（大学院生・教育大学生を含む）の約23％を占める短期高等教育機関である。1998年度からは、大学名称の呼称自由化措置により、「専門」の名を冠さない「○○大学」の看板を掲げることができるようになった。専門大学は、四年制大学とともに、韓国

高等教育を支える二本柱の一方の役割を果たしている。

専門大学の設置目的は「国家社会の発展に必要な中堅職業人を養成すること」（教育法第128条の２）と明確である。専門大学の新設学科を見れば、世相を読み取ることができると言われるほど、社会が必要とする即戦力人材を養成する機動力に富んでいる。企業と連携した教育プログラムとして、注文教育、企業委託教育、実業系専門高校との連携教育が注目されている。自大学の教育の質の高さをアピールするために、各大学は、外部機関による各種の評価を積極的に用いている。こうした専門大学間の激しい競争が、機関としての発展を促している。

徹底した実務教育と産学連携を特色とする専門大学であるが、少子化の影響と、20世紀型の高度経済成長に終止符が打たれたことで、21世紀初頭から定員未充足が起きた。９割以上が私立である専門大学の大きな経営危機に対し、科目履修（時間登録制）の学生の受け入れや、サイバー大学（遠隔大学）との連携を模索して、学生獲得に乗り出している。

専門大学は、その特性を活かして四年制大学との棲み分けを選ぶか、イギリスの「ポリテクニク」という職業教育機関が「大学」に昇格していったように、四年制大学への転換の道を選ぶのかの選択を迫られている。その中で、一度職場に出た卒業生が、より高度な専門技術を磨く必要を感じた時に、再び専門大学に帰ってくることのできる２年程度の「専攻深化課程」の設置も検討されているという（馬越 2010）。多くの実務・職業訓練プログラムを擁する専門大学として、生涯教育（韓国では「平成教育」と言う）への積極的な貢献を示すものである。

このような、新たな短期高等教育の活路を見出すために、逆風の中で、果敢な自助努力と国に対する自己主張を続ける韓国の専門大学には、危機に臨んでも、国に自発的な改革提言のできない、我が国の短期大学が見習うべき点が非常に多い。併せて、韓国の専門大学制度が、本章第４節で詳述する、我が国で平成31年度に開設予定の、職業教育に特化した「専門職大学・専門職短期大学」制度と酷似していることも付け加えておきたい。

48　第1部　短期大学の足跡と再興への処方箋

　以上に述べた海外の短期高等教育機関の発展の諸相は、我が国の高等教育の今後のグランドデザインを考える上で、大いに参考とすべき先進事例である。

◆日本の生涯学習社会への対応

　我が国の生涯学習社会の形成は、どの程度進んでいるのだろうか。日本の大学における25歳以上の社会人就学率が極めて低いことが、よく問題にされる。日本は「大学の授業料が高くて、学生補助（給付型奨学金等）が整備されていない国」である。経済規模（GDP）に占める高等教育への公的支出の割合は、OECD加盟国の中で最下位に属することは高等教育界では昔からよく知られた話で、高等教育の公費負担は34％にとどまり、OECD平均70％の半分以下である（OECD 2017）。高卒者の半数以上が大学に行くようになっても、授業料を安くするために高等教育への公的負担を増やすべきという考えは容認されて来なかった。

　しかし、地方では、親・家族の負担による高等教育機関への進学は、とうに限界を超えている。地方の短期大学では在学中の学費や生活費のための長時間のアルバイト、卒業後の奨学金の返済に追われる在学生・卒業生は決して少なくはない。しかし、雇用環境の変化と知識・情報による不平等が起こる時代には、高等教育で獲得する知識・技術や職業資格の重要性は高まる。家計が厳しい中で、高等教育機関で学び卒業していく彼らを、社会全体でもっと応援できないものかと常に思う。

　これまでの日本の高等教育は、家庭の学費負担による「大学本位」、「18歳主義」の進学を特徴としてきたが、ようやく、平成29年（2017）3月から、日本学生支援機構による給付型の奨学金制度が導入されたところであり、今後の拡充が期待される。

　さらに、一旦社会に出た人々の学び直しのニーズも高まっていくことも予測される。社会人がアクセスしやすい高等教育の制度や内容の整備が求められる。

　平成17年の「中央教育審議会答申　我が国の高等教育の将来像」（以下、将来像答申）ではすでに、大学の機能別分化の中で「地域の生涯学習機会の拠点」

機能の必要性を示しているが、これからの高等教育機関には、教育の機会均等の理念の下に、求める全ての人に門戸を開く生涯学習拠点としての役割を果たさなければならない時代が本格的にやってくる。

短期大学が、海外の短期高等機関のように生涯学習社会の教育体系の要となるためには、若者への良質な高等教育体験や職業訓練教育を展開する学位課程を充実させること、そして、学び直しを希望する成人学生には、職業スキルの向上や専門転換のための教育を行う非学位課程を強化していく必要がある。

人生を豊かにする「循環型学習社会」の実現のために、生涯学習機関としての短期大学の教育機能の充実は、我が国の高等教育の将来構想を考える上での大きな課題と言える。

短期大学が、多様な生涯学習ニーズに柔軟に応える教育を、どのように展開できるか、まずは、そのための教育の改革に積極的に取り組み、地域の信頼を高めていくことが強く求められるのである。

第2節　短期大学教育の質保証

◆近年の大学改革が目指すもの

グローバル化のさらなる進展や、第四次産業革命による産業・就業構造の転換という国内外の激しい変化、進む人口減少や高齢化、地域コミュニティの衰退、そして、「人生100年時代」の人生設計や働き方改革等の趨勢は、生涯学習社会に適合する高等教育の体制整備を急がなければならないことを示している。

現在の大学改革の起点である平成17年（2005）の「我が国の高等教育の将来像」（以下、「将来像答申」）[3] では、すでに、「高等教育を時代の牽引車として社会の負託に十分にこたえるものへと変革し、社会の側がこれを積極的に支援するという双方向の関係の構築が不可欠である」と述べている。その上で、2020年頃を想定した新時代の高等教育のグランドデザインにおいて、多様化した学

3）　中央教育審議会（2005）『我が国の高等教育の将来像（答申）』

50 第1部 短期大学の足跡と再興への処方箋

習者の様々なニーズに的確に対応するために、学校種ごとの位置づけや期待される役割・機能を十分に踏まえた、教育や研究を展開するとともに、個々の学校が個性や特色を一層明確にして、緩やかに「機能別分化」していくことを目指した。

併せて、高等教育は量的側面での充足は達成された段階に入ったとし、以後は、国の高等教育の質の保証の仕組みの充実策として、設置認可の的確な運用、認証評価システム、自己点検評価の充実、評価結果の積極的な開示と活用を求めた。

しかし、多くの高等教育機関ではこれまで、学習者（学生）を主体とする教育課程を計画に沿って展開し検証を行った上で修正するプロセス（いわゆる、PDCAサイクル）や、その成果等に関する教育情報の公開の仕組みは、十分に確立されてはおらず、教員の教育力の向上（FD）に対する関心も低かった。そのため文部科学省は、将来像答申を踏まえた、教育の質の保証に関わる具体的な施策を講じるために、平成20年（2008）「学士課程教育の構築に向けて」[4]と、平成24年（2012）「新たな未来を築くための大学教育の質的転換に向けて」[5]の中で、主としてアメリカの大学をモデルとする教育改革の方針や方向性を示していった（図1）。

シラバス、ナンバリング、ルーブリック、CAP制、カリキュラムマップ、アクティブ・ラーニング，学修ポートフォリオ等々、教育改革のための方法が次々と導入され、各高等教育機関では、それらの学内での普及と定着に、多くの労力を割くこととなった。さらに、改革を積極的に推進しその成果をチェックするために、学内に散らばっている多様なデータを集め分析する、IR（インスティテューショナル・リサーチ）部署を専門に設ける大学も多くなった。

さらに、平成24年（2012）6月の「大学改革実行プラン」[6]は、生涯学び続

4） 中央教育審議会（2008）『学士課程の構築に向けて（答申）』
5） 中央教育審議会（2012）『新たな未来を築くための大学教育の質的転換にむけて〜将来学び続け、主体的に考える力を育成する大学へ〜（答申）』
6） 文部科学省（2012）『大学改革実行プラン』

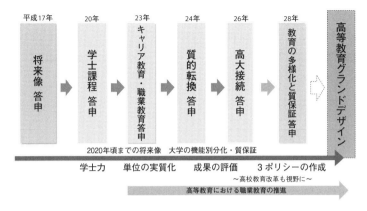

図1　大学改革と中教審答申

けて主体的に考える人材の育成や、地域の課題の解決の中核となる大学になるための大学改革を進めた。平成29年度までを「大学改革実行集中期間」と位置づけ、改革実行のための制度や仕組みの整備、支援措置の実施が行われた。また、本プランには、教育改革にとどまらず、大学ガバナンスの充実・強化も盛り込まれている。

　これら中教審等から矢継ぎ早に出された数々の答申等の内容は、大学改革の方向性を鮮明に打ち出した。文部科学省では、改革に積極的に取り組む大学等へ、「大学教育改革事業」（GP）、「地（知）の拠点大学による地域創生事業」（COC＋）、「大学教育再生加速プログラム」（AP）、「私立大学研究ブランデング事業」等、各種の改革支援事業への申請を促し、採択された大学等へ、特別補助金を配分することで、改革の推進を図っているところである。

　平成29年度には、それまでの改革を検証して、さらなる進化・発展をさせるために、第9期中央教育審議会大学分科会へ「我が国の高等教育に関する将来構想について」が諮問され、大学改革のさらなる深化の方向性が検討されることとなった。

　なぜ、大学改革を行わなければならないのか、今のままのやり方では、どうしてだめなのか、大学教育に携わっている一般の教員や職員の中で、そして、

学長をはじめとする教学部門の管理者の間ですら、急激な改革に対する疑問や反感が湧いている。それでも、学校教育法やその関連規則、省令等の改正による「義務化」や、競争的な補助金事業の立ち上げなどの「政策誘導」によって、将来像答申以後の大学教育には、確実な変化が起こっている。

　右肩上がりの進学率に支えられた量的拡大期の大学は、大学で学生が何を身につけたか、それが卒業後の職場や社会でどのように役に立っているかなど、自らの教育を検証することには消極的であった。そして、社会も大学教育の内容に関して、さほどの期待をしてはいなかった、そんな時代が長く続いた。

　しかし、大学が、「社会改革のエンジン」や「激しく変化する時代の牽引車」という新しい役割を担うには、大学が行う研究や人材育成の成果を広く公表し、社会からの評価を受けることによって、大学の公共性を高めなければならない。そのための大学改革であり、改革が目指すのは、大学教育の成果の向上・充実と、その「見える化」である。大学改革は、大学が社会からの信頼を得るための必需品と言える。

◆短期大学の機能強化と内部質保証

　短期大学が生涯学習社会の教育体系の要となるには、現在の大学改革を積極的に推し進める必要がある。小規模で、元々、教育に対する関心の高い短期大学は、四年制大学よりも改革が浸透しやすい。しかし、これまでの中教審答申等が示す大学改革の内容は、短大関係者にとって、敷居が高いことは否定できない。シラバス、FD に始まって、3 ポリシー、ルーブリック、カリキュラムマップ、IR、エンロールメント・マネジメント、ディプロマ・サプリメント……等々、10 年前には聞いたこともなかった、アメリカ直輸入の改革関連用語に、理解が不十分でも対応しなくてはならない経験をした人も多いだろう。筆者は、あとでこっそり、用語集の確認をしたことが幾度もある。さらに、認証評価の厳格化、大学改革の専門部署や専門員の配置、e-ラーニングの活用、教育情報の公開と活用など、大規模大学と同レベルの改革要求に、短期大学のような小規模な組織としては自信を失いそうになる。だから、改革に対する抵抗

感は当然強くなる。

　しかし、よく見れば、現在の大学改革の意図や方向性は大学の教育力を高めることに集約されていることに気づく。教育力の強化であれば、短期大学の得意技である。ならば、学生の学びに寄り添う、きめ細やかな短大教育をさらに充実させるために、改革の流れを積極的に受け止めなくてはならない。短大教育の特長や独自性を、より発揮するための大学改革と割り切るべきだ。身を切る改革によって、社会に支持される高等教育機関への変身を試みる、そんな覚悟が岐路に立つ短期大学には、必要なのである。

　ここで、短期大学の役割や機能の再確認をしてみる。平成26年（2014）8月の中教審短期大学ワーキンググループによる「短期大学の今後の在り方について（審議まとめ）」では、短期大学の役割・機能として、①専門職業人材の養成、②地域コミュニティの基盤となる人材の養成、③知識基盤社会に対応した教養的素養を有する人材の養成、④多様な生涯学習機会の提供、の四つを示した。短期大学の役割・機能は、2または3年の教育課程での①②③の人材養成と、卒業生を含めた地域の人々のニーズに応える生涯学習プログラムの提供であり、国は、各短期大学の特色に応じた機能分化を推進するとしている。

　これら従前の短期大学の役割・機能に関する検討内容を素に、第9期の中教審大学分科会の「将来構想部会」は、短期大学における機能強化の方向性を示している。大学の一類型である短期大学は、大学としての機能強化の方向性も示した上で、短期大学独自のものとして、①職業教育機能の充実強化　②ファーストステージ機能の強化、③社会人への再教育機能・生涯学習機能の強化、の3点が挙げられた。

　こうした短期大学の教育は、学位が取得できる「短期大学士課程」にふさわしい、教育の質を担保した枠組みの中で行わなければならないことは論を俟たない。教育の質保証については、例えば、現在の大学改革の一環として、認証評価の第3クール目を迎える平成30年度から、各認証評価機関の評価基準の中に「内部質保証」体制を組織し機能させることが追加された。平成29年（2017）4月から策定・公表が義務化された、3ポリシーに基づいて学位プログラムを

体系化し、教育効果を高める教育実践を行い、エビデンスに基づく自己点検評価と評価結果のフィードバックと、その情報の公開を推進することによって、教育の充実と学習成果の向上を目指すことが目的である。

短期大学の機関別評価を行う短期大学基準協会でも、第3クールからの認証評価では、内部質保証の検証のための学習成果を向上させる仕組みとして内部質保証が機能しているかについて、「ルーブリック」を用いた判定を行う提案がなされている。四つの評価基準ごとの内部質保証レベルを4段階に区分して、評価校の内部質保証のレベルを判定するとのことである。

各短期大学は、この内部質保証の仕組みを自学の実態に合わせて組織し、定着させて、自学の教育の改善を行わなければならない。さらに、各短期大学の内部質保証への取り組みを詳しく検証することで、短期大学全体の教育成果を明らかにする必要がある。そこから短期大学の機関としての強みや限界が見えてくるはずである。内部質保証の点検評価は、短期大学全体としても今後取り組まなければならない大きな課題である。

第3節　短期大学の職業教育

◆職業教育への原点帰りから未来へ

短期大学は、「職業又は実際生活に必要な能力を育成」（学校教育法第108条）する、四年制大学とは異なる教育目的を持つ高等教育機関である。国際標準教育分類（ISCED）上では、高等専門学校や専門学校と共に「レベル5B 労働市場に直接結びつく技術的・職業スキルのプログラムで、5A（四年制大学レベル）よりも短期間。最低2年以上」に位置づけられている。制度発足時の昭和24年（1949）8月に決定した「短期大学設置基準」の趣旨には、短期大学の目的を「実際的な専門職業に重きを置く大学教育を施し、良き社会人を育成すること」とし、専門職業教育を重点とする「完成教育機関」でありながらも、「四年制大学との連携の役割も果たすことが出来る」独自の性格を持つ、新しい高等教育機関であることを明確に規定している。

しかし、その後の短期大学は、実際的な専門職業に重きを置く大学教育を施す機関としてではなく、女子に適した高等教育機関として、女子向きの家政、幼児教育の他、英文や国文などの人文や教養分野を爆発的に増加させて、ピーク時には、学生数53万人（平成5年）、短大数598校（平成8年）までに発展した。けれど、その後は、18歳人口の減少、女子の四年制大学志向、不況期の専門学校の職業教育への支持等によって、急速な停滞・不振・危機の時代を迎えることとなる。短大爛熟期の主役であった人文・教養系の学科の学生数は、現在、ピーク時の10分の1以下にまで落ち込み、幼児教育、保育、栄養、福祉、看護等、女子向きと言われる職業分野の人材養成関連学科の学生の割合が高まっていることは、第1章で示した。

これは、制度発足後70年を経過した現在の短期大学の機能が、実際的な専門職業に重きを置く大学教育を施すという、短大創生期の目的に記した機能に戻ったことを意味している。しかし、専門職業人を養成する職業教育の様相は、70年前とは大きく異なっていることを忘れてはならない。短期大学の2または3年間の教育課程が、専門職養成の完成教育として機能しなくなった職業分野も多くなった。また、幼児教育、家政等、短期大学が強い職業分野は非常に限られており、また、これらの分野の専門職養成には、資格の高度化による修業年限の延長が見られる。よって、短期大学の職業教育は、今後は次第に専攻科や大学編入につないで専門職業人の養成を完成する教育課程に変化していくことが予測される。各職業分野の資格枠組みの変化を捉えて、2または3年の短期大学士課程での養成レベルを、明確に打ち出していくことが求められている。

また、今後の短期大学の職業教育の充実には、これまでの短期大学にはなかった、2年または3年で完成教育が可能な専門職業分野をどこまで積極的に取り込んでいけるかが課題となる。さらに、現在、4割の卒業生の就職先は、事務職や営業職等の一般職である。国家資格等の取得のための専門職養成だけではなく、地域の企業や事業所に一般職として就職する人のための職業教育を充実させていく必要もある。どんな職場にも必要な汎用的職業能力の育成が短期大学の職業教育の強みであることは、前章で紹介した「短期大学における今後

の役割・機能に関する調査研究」（目白大学短期大学部 2011）でも指摘されている。中等教育終了段階では不足する、職業で自立する力を養うために、実践性の高い教育内容・方法による学びの教育課程を提供し、学生の自ら考える力やコミュニケーション能力を向上させるための、きめ細かな教育支援を行うことによって、短期大学らしい職業教育を実践する。それは、学生の生涯職業キャリアの形成を目的としたものである。単なる技能の伝達教育にとどまらない広範囲の「職業を通した学び」の中で、職業生活への円滑な移行を促す教育である。

　さらに、再就業に必要な知識・技術を習得する、社会人が学ぶための非学位課程の充実方策も、重要な検討課題である。短期大学で学ぶ25歳以上の社会人の比率は、現在6.2％[7] でしかないが、一旦、職場に出た人への学び直しの場の提供は、地域のアクセスしやすい高等教育機関としての短期大学の役割である。特に、短大卒業生をはじめとする、地域の女性たちの就労支援は、最も短大教育の特長を発揮できるところである。

　こうした現在の職業教育ニーズに積極的に応える、短期大学の取り組みは、日本版コミュニティ・カレッジへの途につながっていく。

◆職業教育と教養教育

　これまで短期大学が行ってきた職業教育は、「職業資格の取得と教養に裏打ちされた汎用的職業能力の育成」を特長としている（中教審短大 WG 2014）。また、「創造性と倫理性を備えた、真に社会の中心的役割を支える良質で勤勉な社会人であり、わが国の人材立国を支える中堅実務者の育成を目指している」（日本私立短期大学協会 2009）。

　短期大学が養成する職業人材像には教養的素養が強調されている。この背景には、短期大学の教育課程は、専門職の養成課程であっても指定の専門科目に加えて、教養科目の履修を義務づけ卒業要件としていることがある。職業分野

---

7) 文部科学省（2017）『学校基本調査』（昼間・夜間・通信教育課程を含む）

の専門知識や技術の修得のみで修了が可能な専門学校とは異なるところが、短期大学の職業教育の強みとされてきた。しかし、こうした短期大学の教養教育の強調は、ともすれば、短期大学の専門学校への対抗意識と捉えられかねない。

教養とは何か、その定義や内容を特定することは容易ではない。大学の教養教育については、21世紀社会において期待される「新たな教養」の課題と大学の教養教育のあり方に関する提言において、学士課程のカリキュラム編成上、一般教育に限定せず、専門教養や専門教育、クラブ、サークル活動、キャンパスライフも含めて、4年間の大学教育を通じて行うもの（日本学術会議 2010）とされている。

短期大学の教養教育はどのようなものか、四年制大学の半分の教科や単位数の一般教育科目を、教育課程に配置していることを指すのであれば、それはあまりに単純過ぎる。そのレベルにとどまらず、短期大学士課程の教養教育の目的とディプロマ・ポリシーとの関係性を明確にすることや、職業人養成のカリキュラム上での教養科目の役割を定めてその内容を充実することは、教養教育を特長とする短期大学の使命ではないかと思う。まずは、短期大学の教養教育の目的や達成目標を定義した上で、目的・目標に沿った多様な学びのプログラムを学生に提供することによって教養教育を活性化し、その成果を社会に発信し、評価を受けなければならない。

◆専門職大学・専門職短期大学の誕生

平成29年（2017）5月、学校教育法の一部改正の法律が成立し、専門職大学および専門職短期大学（以下、専門職大学等）が制度化された（図2参照）（中教審 2017）。

専門性が求められる職業を担うための実践的かつ応用的な能力を展開させることを目的とする高等教育機関で、制度は、平成31年4月にスタートする。

日本の大学制度は、昭和39年（1964）の短期大学制度の恒久化以来、半世紀以上にわたって、一度も制度体系の変更を経ずに発展してきた。専門職大学等の制度化はそこにくさびを打ち込んだ制度改変であり、既存の大学や短期大学

58　第1部　短期大学の足跡と再興への処方箋

**実践的な職業教育を行う新たな高等教育機関
（「専門職大学」等）の制度化について**

趣旨・背景

・優れた専門技能を持って、新たな価値を創造することができる専門職
業人材の養成が急務
・高等専門職業教育の新たな枠組みにより、社会の変化に対応しつつ、
人材養成の強化を図る

概　　要

　大学制度の中に位置付けられ、専門職業人の養成を目的とする新たな
高等教育機関として、「専門職大学」及び「専門職短期大学」の制度を
設ける。
《法制度の概要》
　1．目的等
　　①機関の目的
　　　・深く専門の学芸を教授研究し、専門職を担うための実践的かつ
　　　　応用的な能力を育成・展開することを目的とする。
　　②学位の授与
　　　・課程修了者には、文部科学大臣が定める学位を授与する。
　2．社会のニーズへの即応
　　①産業界等との連携
　　　・専門職大学等は、文部科学大臣の定めるところにより、専門性
　　　　が求められる職業に関連する事業を行う者等の協力を得て、教
　　　　育課程を編成・実施し、及び教員の資質向上を図る。
　　②認証評価における分野別評価等
　　　・専門職大学等の認証評価においては、専門分野の特性に応じた
　　　　評価を受ける。
　3．社会人が学びやすい仕組み
　　①前期・後期の課程区分
　　　・専門職大学（4年制）の課程は、前期（2年又は3年）及び後
　　　　期（2年又は1年）に区分できる。
　　②修業年限の通算
　　　・実務の経験を有する者が入学する場合には、文部科学大臣の定
　　　　めにより、当該実務経験を通じた能力の修得を勘案して、一定
　　　　期間を修業年限に通算できる。

施行期日

　　平成31年4月1日

図2　実践的な職業教育　中教審答申

とは、設置基準、学位、教育課程も異なる。2019年度以降の日本の大学の制度
体系は、大学、短期大学、専門職大学、専門職短期大学の4種類で構成される
ことになる。

　現在（2017年）はまだ、社会的な認知度も低く、学術志向の高い大学等では、
やや冷淡な見方をしているところが多いと言われる専門職大学等であるが、そ

の成立までにも、かなりの迷走を経たと言わざるを得ない。最初に「専門職大学」の構想につながる考え方が提出されたのは、平成23年（2011）「今後の学校教育におけるキャリア教育・職業教育の在り方について」[8]であった。そこでは、高等教育段階における職業教育の充実を目指して職業教育に特化した「新たな枠組み」が示された。こうした構想の背後には、産業界のニーズと、おそらくは、それ以上に、専門学校（専修学校専門課程）関係者の熱い期待と強い働きかけがあったと言われている。専門学校は、昭和50年（1975）の制度設立以来、大学や短期大学と並んで、高卒後の進路の一つとなり、高等教育（あるいは中等後教育）段階における職業教育機関として、社会ニーズを反映した職業技術分野の中堅実務者養成等の役割を果たしてきた。にも拘らず、学校教育法第1条が定義する学校（いわゆる「1条校」）ではなかったために、常に「傍流の教育機関」としての扱いを受け、学位を授与することもできなければ、私学助成の対象にもなっていなかった。こうした不遇の歴史を脱し、高等教育段階における職業教育を担う学校として「1条校」の仲間入りを果たすことは、専修学校関係者にとっての悲願であったと言える。

　実は、この「新たな枠組み」は、既存の専門学校制度の中に、平成25年度から「職業実践専門課程」を創設するという措置で一旦収束するように見えた。しかし、平成26年（2014）、首相直属の諮問機関として教育改革の立案に当たる「教育再生実行会議」が発表した第五次提言「今後の学制等の在り方について」には、「実践的な職業教育を行う新たな高等教育機関」の創設という提案が含まれていた。この提案を受けた文部科学省では、すぐに「実践的な職業教育を行う新たな高等教育機関の制度化に関する有識者会議」を発足させた。当会議の「審議のまとめ」[9]が平成27年に出されると、次は中教審に諮問され、その審議結果は、中教審答申「個人の能力と可能性を開花させ、全員参加によ

---

8)　中央教育審議会（2011）『今後の学校教育におけるキャリア教育・職業教育の在り方について（答申）』
9)　中央教育審議会大学分科会大学教育部会短期大学ワーキンググループ（2014）『短期大学の今後の在り方について（審議まとめ）』

60　第1部　短期大学の足跡と再興への処方箋

る課題解決社会を実現するための教育の多様化と質保証の在り方について」[10]の、第1部「社会・経済の変化に伴う人材需要に即応した質の高い専門職業人養成のための新たな高等教育機関の制度化について」の中でまとめられている（図2）。

　以上の経緯で誕生した専門職大学等は、既存の大学等とは異なる、実践的な職業教育を行う高等教育機関としての特徴を示した制度設計となっている。平成31年（2019）4月の専門職大学等の開学に向けて、設置基準の制定、設置認可申請の受付、大学設置・学校法人審議会による審査、設置認可が、順次行われる行程の中で、既存の有力な専門学校からの転換が見込まれている。

　この専門職大学等の誕生についての短大関係者の反応は、一貫して否定的であった。既存の大学に較べて、教養教育の取り扱いや校舎面積や体育館・運動場等の設置基準に関して、高等教育機関の質の担保上に多くの疑義を生じるものであり、高等教育機関として認められないという意見が大勢を占めた。短大関係者には、大学としての体裁を整えることに努力してきた短期大学としての矜持と、専門学校の大学参入に対する危機感があったと思う。しかし、プライドと異分子排除に拘泥していても、先の展望は見えない。短期大学の新たな地平は拓けないのではないだろうか。

　事実、短大関係者の思惑などとは関係なく、この制度改変は一気に進んでいった。筆者は、55年の沈黙を破って新たに設けられた専門職大学等の制度化は、専門学校の大学化への宿願に端を発していたとしても、現在の一連の大学改革の中で、最もインパクトのある大改革ではないかと思う。

　大学改革の目的は社会からの信頼を得る大学であるために、社会が求める人材ニーズに真摯に応えていくことや、国民の半数以上が進学する時代の、学生の能力や嗜好特性に必ずしも合致していない、これまでのアカデミック性の強い大学教育を、受益者（学生）目線で変えていくことであると繰り返し述べた。筆者には、実践的な職業教育を行う、専門職大学・専門職短期大学制度は、そ

---

10)　中央教育審議会（2016）『個人の能力と可能性を開花させ、全員参加による課題解決社会を実現するための教育の多様化と質保証の在り方について（答申）』

の大学改革の方向性の象徴であるように見える。

　この制度の狙いは、専門学校の大学化だけではなく、既存の大学・短期大学の中での専門職学部・学科の創設にある。平成28年（2016）5月の中教審答申では、新たな機関の設置形態について、既存の大学・短期大学と並ぶ、独立した組織として設置されると共に、「既存の大学・短期大学が、実践的な職業教育の専攻を新たに開設し、アカディミックな教育とより実践的な教育を共に提供していけるよう……一部の学部や学科を転換させる等により、新たな機関を併設できるように……することが適当である」としている。

　つまり、専門職大学等の趣旨を既存の大学等の中にも活かし、既存の大学等の一部の組織において、実践的かつ創造的な専門職業人養成を行うための仕組みとして、大学等の「専門職学科」の制度を新たに創設することを、制度化の趣旨とする。これを受けて、第9期中教審の大学分科会に置かれた「専門職大学等の制度設計に関する作業チーム」では、独立の組織としての設置と同じ平成31年度の開設を目指して、専門職学科に係る、既存の大学等の設置基準における措置や学位の表記の取り扱いに関する検討が行われた。

　専門職学部・学科の教育課程には、大学内の既存の学部・学科と同じ、幅広く深い教養および総合的な判断力を培う目的の「一般教育（教養）科目」を配置することや、学位の表記についても、例えば、学士（観光専門職）、短期大学士（福祉専門職）など、「専門職」の文字を付すことと、付記する専攻分野名は職業・産業分野の名称とすることとしている。これらのことは、機関として独立した専門職大学等とは異なる、既存の大学等での専門職業を担う人材養成の枠組みを示しており、専門職学部・学科の創設を促すものである。

　しかしながら、選抜制の高い一部の大学のみならず、日本の全ての大学に存在する学術の府・研究機関というエリート意識が、学術よりも職業教育を下に見ているからであろうか、既存の大学の専門職大学等への関心は低く、冷ややかである。また、「専門職」を冠した大学の学部・学科（「専門職学部」「専門職学科」）に対する、高校生、保護者や高等学校関係者のイメージや反応は、まだ読めない。しかし、将来的に、専門職学科等で習得した知識、技術、資格や

就職実績等で卒業時に高い学習成果が得られれば、さらに、社会人学生の学び
を受け入れやすい体制を構築できれば、社会からの支持は拡大していくだろう。

　では、短期大学はどのように対応していくべきか。新制度の内容は、現行の
短期大学の教育と競合する部分が多い。平成26年（2014）の短期大学ワーキン
ググループ「審議まとめ」は、「短期大学にとっての中長期的な課題として、
特に『専門職業人材養成機能』を充実・強化していく短期大学において、職業
教育の新しい高等教育体系との関係で、目的や制度の在り方も含め、自らどの
ような位置付けを求めていくかについて、更に慎重に検討する段階が生じるで
あろう」（下線：筆者）と予測していた。

　その予測通りに検討段階になった現在、新制度を加えた高等教育体系の中で
短期大学の選択肢は三つある。①一部の学科を「専門職学科」に移行　②機関
全体を「専門職短期大学」へ転換　③短期大学のまま現状維持　どれを選択す
べきであるかは、各々の短期大学の学科構成、地域性等によって異なる。

　いずれにしても日本の短期高等教育は大きな転換期、再編の時を迎えている。

第4節　地域の未来創造と短期大学

◆短期大学の地域性

　地元の高等学校を卒業して入学してくる学生が全体の69%で、また、自県内
就職率も7割（私立短期大学のみの集計）を超える短期大学は、地域コミュニ
ティに密着した、アクセスしやすい身近な高等教育機関である。また、学生の約
半数（48%）は、三大都市圏以外の地域に在住しており、約7割（67%）を三
大都市圏の学生で占める、四年制大学とは大きく異なっている。

　短期大学で育成する人材は、学校から職業への移行期において、地域間移動
の少ない地元定着型の人材である。近年、自宅通学生の割合が、大都市圏の短
期大学、地方の短期大学、共に高くなる傾向がある。大都市圏の短大生も、地
方の短大生と同じく、高校から短期大学を経て就職期まで住所を変えず生活し
たために、長く慣れ親しんだ地域コミュニティへの帰属意識が強く、将来的に

もその地域にずっと住み続ける人も多い。

　少し話がずれるが、大都市の短期大学、特に伝統ある大学の短期大学部が次々と閉鎖していったのは、大都市エリアの外からの学力の高い志願者が減少したために、学生の質の低下による教育不全や併設大学との差が顕著になったことが原因ではないかと思う。大都市の伝統ある短期大学は、大学の相似形で大学志願者の受け皿であった。大学まで行きたくない・学力的に行く自信がないという大都市圏の高校生等の進学先には、多種多様な専門学校がある。また、東京や大阪の短期大学の中には、専門学校に近い多彩な教育内容で、数多くの志願者を集めているところもある。大都市では、大学は受験生の質をコントロールできるし、受験生も多様な選択肢（学校種・分野・レベル）の中から、自らの学力や適性に合った高等教育機関を選ぶことができる。ここが、地方の高等教育事情とは大きく異なるところである。

　さて、地方の短期大学はこれまで、地域の産業やコミュニティの担い手を地域社会に送り出してきた。地域からの厚い信頼を得ている短期大学が地方には数多くある。しかし、現在、そうした地方の優良短期大学が志願者の減少に悩んでいる。地方には、定員を満たせない私立の短期大学が多い。

　実は、短期大学がピーク期から急激な減少を迎える1990年代後半以降、地方の短期大学の中には国公私立を問わず、短期大学を閉鎖して大学への改組転換を図るところが数多く見られた。この頃、劇的に増加した新設大学の中には、短期大学を母体とする規模の小さいものが多い。大学化によって、暫くは、一定レベルの志願者の確保と、定員充足ができたものの、再び18歳人口の急減期を迎えた現在、地方の私立大学の中には短期大学と同様、定員未充足で経営が悪化している法人もある。N県では最盛期10校あった短期大学（短期大学部も含む）のうち、廃校した１校を除いて７校が短期大学を閉鎖して大学へ移行した。そのうちの４校は私学だが、どの大学も定員未充足で、短期大学のまま残った２校よりも、定員充足率が低い大学もある（平成29年度）。

◆地方の高等教育の現状・未来予測

　地方の自治体はどこも、高卒後の18歳時の大学進学者、就職者の両方が、地元には残らないこと、さらに大学卒業期22歳の就職時にも地元に戻ってこないことに対する危機感を強くしている。人口減少による地方消滅が現実のものになるからだ。

　平成29年（2017）2月、地方を担う多様な人材を育成・確保し東京一極集中を是正するために、地方大学の振興および若者の雇用等に関する検討が始まった（「地方大学の振興及び若者の雇用等に関する有識者会議」）。内閣府の「まち・ひと・しごと創生総合戦略」によるものである。議論の前段は、地方大学は「特色」を出した大学への改革を図り、産学官の連携の下、地域の中核的な産業の振興とその専門人材育成等に向けた、優れた地方大学の取り組みへの重点的な支援に関する検討である。さらに、後段は、過度に学生が東京へ集中している状況を踏まえ、東京（23区）における大学の新増設の抑制の検討と、東京圏の大学の、地方へのサテライトキャンパスの設置や、地方大学と東京圏の大学の単位互換制度等による、学生が地方圏と東京圏を相互に対流・還流する仕組みの構築の促進である。

　地方の一私学人としては、いくら東京23区内の大学の新増設抑制を行ったところで、地方の定員未充足に苦しむ小規模な大学等の学生数回復に、直接につながることはないと正直思う。しかし、大学に限らず、多様性が求められる時代には、過度な一極集中に、一定の歯止めをかける必要はある。この抑制への取り組みに関する検討は、全国知事会による「地方大学の振興などに関する緊急抜本対策」（平成28年11月）に端を発している。つまり、東京23区内大学の新増設の抑制は、東京一極集中に対する、地方の自治体の対抗策の象徴という意味合いがある。地方自治体との運命共同体である地方の大学等は、自治体関係者の地方の大学振興に関心の高いうちに「地方版総合戦略」に位置づけられる、持続可能な産学官連携体制の構築を推進し、地方創生に資する大学等になるための改革を進めなくてはなるまい。

　また、都道府県別の私立大学入学定員の充足率（私学事業団 2016）は、東京

108.1％をはじめ、神奈川、近畿（滋賀・奈良・和歌山）、大阪、埼玉では105％を超えるが、四国88.5％、東北93.5％など、地方では定員を満たすことができない現状がある。20年後には現在の120万人から100万人を下回る規模になる18歳人口であるが、その減少率は今後も地方ほど顕著である。

　文部科学省に設置された「私立大学の振興に関する検討会議」の「審議のまとめ」[11] には、私立大学の総数の半数を占める、地方所在の中小規模の私立大学で、事業活動収支差額がマイナスになっている割合が４割を超えるなど、とりわけ大きな18歳人口の影響を受けているとし、学生確保が難しくなり経営困難に陥った私立大学に対して、踏み込んだ対応をすることが明記された。

　また、同まとめには「地方に所在する私立大学の多くが、地域で活躍する人材の育成、生涯学習の拠点、イノベーションの中心として、地域の知的基盤としての役割を果たしている。とりわけ、私立短期大学は、短期間で学位が取得できる高等教育機関であり、自県内の入学率や就職率が高く、在学者に占める女性の割合が高いといった特徴を持ち、女性の社会進出、地域の発展と教育の機会均等に大きく貢献している。」と、地方の私立大学・私立短期大学の役割・特性を強調した上で、今後は、私学の強みである経営のダイナミズムを活かしながら、①社会のニーズに的確に対応して教育・研究の質の向上を図り、未来を切り開く取り組みに果敢に挑戦すること、②高等教育へのアクセスの機会均等を果たす上で、短期大学を含め、私立大学が地域における高等教育の機会の確保に引き続き大きな役割を果たしていくこと、③高等教育のユニバーサル化に際しては、大学が行う教育活動の価値や地域社会や産業への貢献についての社会的な認知が重要なこと、等が盛り込まれている。

　第１章の終わりに佐藤は「すべての国民に高等教育の機会を」「地方の高等教育の灯を消してはいけない」と述べている。それは、地方においては、短期大学のみならず、大学にも言えることだ。地方と大都市圏の大学進学率の差は30％以上ある。地方の成人が大学で学べる機会も大都市圏よりも少ない。大都

11）　文部科学省（2017）『私立大学の振興に関する検討会議　審議のまとめ』

市部では当たり前の、家から通える高等教育機関にアクセスする機会を、これからも、地方の若者や学び直しを求める人々に提供し続けなければならないと思う。

◆地域の大学間連携強化と短期大学

　大学間の連携は、古くは、大学間の単位互換（昭和47年（1972）から）、連携大学院（平成元年（1989）から）や、入学前の既取得単位の認定（平成3年から）等の制度の中で行われていた。文部科学省の支援事業として大学間連携に予算措置が行われたのは、平成20年度の「戦略的大学間連携支援事業」からで、平成24年度からの「大学間連携共同教育推進事業」に引き継がれた。

　実は、本著書の第2部「短期大学コンソーシアム九州の挑戦」で紹介する取り組みの大部分は、計8年間の二つの補助事業を活用して実施したものである。その具体については第2部に譲るが、九州北部地域の九つの短期大学間の連携活動を開始した平成14年には、「短期大学の将来構想に関する研究会」という、短期大学の教育成果を検証するための、卒業生調査やFD研修会を共同で実施するボランタリーで緩やかな短大連合体であった。ここで積み上げた大学間連携に関する小さな取り組みが、大学間連携による使命の明確化、教育改革、社会との協働の推進を目的とする補助金事業に採択されたのを機に、短期大学のみの連合組織としては全国でも珍しい、「短期大学コンソーシアム九州」を立ち上げ、現在も活動を続けている。

　この15年にわたる短期大学間の連携活動は、様々な成果をもたらした。特に短期大学で育成した人材が、地域の中でどのように活躍し、また、地域の人々からどんな評価を受けているかを把握することの重要性や、複数の短期大学の学生が合同で地域の人々と交流する場を創ることの意義や楽しさを、連携短期大学間で共有することができた。しかし、同時に、地域における短期大学のブランド力の低さも感じざるを得なかった。地域に所在する短期大学は小規模校が多く、持てる資源も限られている。その中で自らの強みを活かし、弱みを補いながら、短期大学に求められる役割を最大限に果たしていくには、短期大学

間の一層の連携の推進が必要である、その思いで、私たちは連携活動を続けている。

　ところで、平成29年度より、「私立大学等改革総合支援事業」タイプ5として、「プラットフォーム形成」が登場している。各大学等の特色化・資源集中を促し、複数大学間の連携、特に、大学等が所在する地域の自治体や産業界との連携を進めるためのプラットフォームの形成を支援する。地域の高等教育に関する中長期計画の策定や、地域政策と連動した産学連携を推進し、地域の大学が地域に貢献すると同時に、地域から支援を得るなどの連携を進めていくことが目的である。さらに、各法人の独立性を保ちつつ緩かに連携し、規模のメリットを生かすことのできる、経営の幅広い連携・統合のあり方、国公私の設置者の枠を超えた連携・協力のあり方も検討されている。大学間連携のウェブ2とも言える、従来のものとは連続しながらも質的に異なる大学間連携である。我が国における高等教育全体の規模、地域における高等教育機会の確保を検討する上で、大学間連携には大きな注目が集まることが予測される。

　地域の短期大学が生涯学習社会の要として発展するために、地域の高等教育機関、行政機関、企業や事業所等と、どのような連携を組んでいくか、その中で、どのような役割を果たしていくかについて、関係者間での十分な検討と、早急な決断が求められる。

第5節　「新たな地平」を目指すための当面の課題

　我が国の高等教育は、改革の時を迎えている。短期大学の制度と教育の充実のためには、改革の方向性を見定めた迅速な対応が求められる。

　本章では、近年の大学改革の方向性に沿って、「生涯学習社会の要」「教育の質保証」「職業教育」「地域との関わり」の、四つの視点から、短期大学の存在意義を確認し、将来（未来形）構想を描いた。

　短大教育の実践者である筆者らの専らの使命は、知り得た理論的知見を日々の教育の充実のために活用することに他ならない。

第1部　短期大学の足跡と再興への処方箋

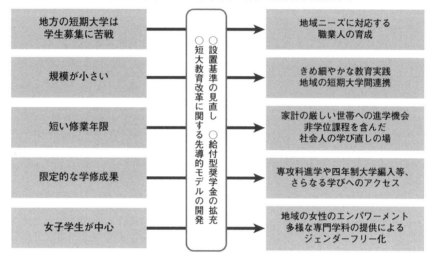

図3　短期大学の課題解決から振興へ

　本章のまとめとして以下に記す五つの課題は、短期大学の未来形構築のために、われわれ自らが、日々の教育活動を通して解決しなければならないものである（図3参照）。

1. 地方の短期大学は学生募集に苦戦しているが、地方に高等教育機関が無くなれば若者は都市部に益々出ていく。地域の産業振興や人材養成に短大教育の特長を活かして取り組み、若者の地域定着を図る。
2. 小規模な短期大学の運営に適合するよう設置基準の改正を行い、小規模ならではの、きめ細やかな教育支援体制を築く。教育の充実と効率化を図るための地域の短大間連携の取り組みを、短期高等教育の改革推進の先導的モデル事業として位置づける。
3. 経済的事情で高等教育への参入が困難な人や、学び直しを求める社会人のために、奨学金の充実等による低廉な学費負担と、短期の修業年限による、質の高い高等教育の機会を提供する。
4. 短期大学士課程の学修成果の「見える化」を図り、さらなる学びの充実を

目指すために、専攻科進学、大学編入、海外留学等、多様なセカンドステージとの連携を促進する。

5. 短期大学を卒業して多種の分野で活躍する女性たちを含め、地域の女性のエンパワーメントは短期大学の使命である。と同時に、これまで短期大学には少なかった専門分野、特に、今般、成立した「専門職短期大学」が担うと予測される、実践的な職業分野の人材養成を取り込むことで、ジェンダー・フリー化（男子学生の参入促進）を図る。

　これらの課題を克服しながら、社会の負託に応える高等教育機関を目指す、短期大学の教育改革の先には、「新たな地平」が拡がっていることを確信する。

短期大学コンソーシアム九州の挑戦
——西からの風——

第1章

短期大学コンソーシアム九州とは何者か

第1節　知力を突き抜け、社会へ突破する力

「知力を突き抜け、社会へ突破する力」を育てること。

15年に及ぶ短期大学コンソーシアム九州（以下、JCCK）の調査・研究活動を通して、今、私が確かにつかんだと感じている短大教育の目指すべき到達目標である。

私たち JCCK は、日頃は学生募集でしのぎを削っている北部九州のライバル短期大学同士が戦略的パートナーシップの掛け声のもとに手を握り、年々厳しさを増してゆく短期大学を取り巻く状況を打破するために走り続けてきた集団である。

現在、福岡、佐賀、長崎の7短期大学で構成されている JCCK の活動の始まりは平成14年（2002）の「短期大学の将来構想を考える研究会」（以下、CC研）の発足に遡る。以来、私たちは、①合同の FD/SD 研修会や、②平成30年（2018）1月現在で38回を数える公開研究会の開催、③短期大学の卒業生や短大生を送り出す高校の進路の先生、短大卒業生を受け入れる施設・企業の人事担当者や編入先の受け入れ担当者、あるいは地元の行政関係者といった、短期大学と利害を共有するいわゆるステークホルダーへの質的・量的調査の実施、そして、④合同の学生アクティビティ等々、様々な活動を行い、これらを通して、四年制大学でも専門学校でもない短期大学の教育とはどのようなもので、また、どのようにあるべきかを考え続けてきた。同21年（2009）の JCCK の結成を経て二つの GP 事業に採択され、調査・研究から合同アクティビティの実

践へと活動の幅を広げて現在に至る経緯については第2節に譲り、本章をまず
は私たちの調査・研究活動の総括から始めよう。

◆短大教育の即効性と課題としての長期的効用……卒業生調査から

　JCCK の活動を今振り返ってみると、そこには試行錯誤と紆余曲折、一気呵
成に進んだ事業もあれば、活動が停滞した時期もあった[1]が、結果的に私たち
が追求してきたことは首尾一貫していて、コンソーシアム・スタンダードとし
ての短期大学の職業・キャリア教育の構築と、その質をいかに担保するか、と
いうことだったのだと思う。そのような意味で、様々な活動の中でもとりわけ
重要だったと感じるのは、活動のごく初期に行った、短期大学における学習成
果を社会の中で実感している卒業生へのアンケート調査である。

　この調査は平成15年(2003)～同18年(2006)にかけて二度にわたって実施した
ものだ。一度目は九州大学の吉本圭一氏を代表とする短大基準協会調査研究委
員会からの委託研究で、CC 研幹事校8校の卒業後1年目、3年目、7年目の
全卒業生を対象とし、質問紙の郵送による調査を行った。有効回収サンプル数
は1291、回収率は17.5％であった。二度目は同16年(2004)に採択された安部恵
美子を研究代表者とする科研費事業で、CC 研幹事校だけでなく他短期大学も
含め14校の卒業生を対象として実施した。有効回収サンプル数2835、回収率は
23.3％であった。

　日本の古典文学が専門である私をはじめ、CC 研に参加した短大所属教員の
多くは教育学については門外漢で、多い時は月に1回以上の頻度で九大の吉本
研究室に集まり、吉本氏をはじめとする高等教育学の専門家から、あたかも大
学院生のゼミのように様々なレクチャーを受けたことを思い出す。そこでは、
質問項目の設定や集計方法など量的調査の初歩から解析ソフトを使った分析ま

---

1)　この停滞は事業実施に当たっての内容の問題によるものであって、短大間の利害関係による停
　滞が皆無であったことだけは申し添えておきたい。学生募集上熾烈なライバル関係にありながら、
　利害関係による対立や停滞がなかったのは、ひとえに加盟校の学長・推進委員をはじめとする関係
　者の人柄によるところが大きかったと思う。

で様々なことを学んだが、ここでそれに触れる余裕は残念ながらない。諸氏への衷心からの謝意を記して話を先へ進めよう。

調査の分析結果のエッセンスは、最初の報告書[2]の巻頭に次のようにまとめられている[3]。

1. 人格形成や就職支援について、卒業生は短大教育を高く評価している。ただし、長期的効用については疑問の声も多く、卒業後の年数とともに効用感が頭打ち・低下していく。「ガラスの天井」感についての検討が必要となっている。

2. 短大在学中は密度の濃い授業の経験をしている。ただし、教育の幅広さについては低い評価もある。アカデミックな要素と現実課題に対応して要素を統合した正課の充実を通して学習への動機付けを高めていくことが課題となっている。

3. 卒業後の厳しい職業的環境の中で、卒業後7年目には職業生活への関わり方も多様化している。職業生活への意欲が高まっている一方でキャリアの「天井」にぶつかっていると感じているものもいる。（4と5は略）

人格形成や就職支援に対する母校への高い評価、アカデミックな要素と現実課題を統合した教育の充実、ガラスの天井問題と早期離職にどのように対応するか等々、これらは10年以上前に得られた分析結果だが、その後の私たちの活動に大きな示唆を与え続けている。

特に、専門分野での学習の充実度が高く評価されていながら、その効用感は「卒業後の年数と共に頭打ち・低下していく」という指摘は、「類似の4大卒の調査では、卒業年数と共に効用感がむしろ高まることが明らかにされている」[4]のに対して、短大教育にとってある意味で最も重要な課題の一つを明らかにしたものだと思う。

この指摘に関連して、CC研に結成当初から主要メンバーの一人として参加

---

2) 短期大学基準協会（2005）『「短大卒業生の進路・キャリア形成と短大評価」調査研究報告書』
3) 同報告書「調査結果の骨子」
4) 同報告書「調査結果の骨子」1の③

している筑波大学の高等教育研究者稲永由紀氏は、この報告書の中で次のように述べている。

> 卒業直後の状況を中心に考え専門に特化したベルトコンベアに載せて職業や職業資格へと運んで行くような、いわば専門学校的な教育の在り方に対して、自発的で幅広い学修への学生のコミットメントを促す仕掛けは、殊更に重要になってくる[5]。

平成31年度の専門職大学発足を目前に控えた今、「専門学校的な教育の在り方」ではない、短大独自の教育とは何なのか、という問いはしたたかに重かった、と改めて感じる。例えば保育園に就職してすぐに使えるエプロンシアターのような、即効性のあるスキルと理論を学んで資格と就職に直結させるだけならば、それが専門学校と何ら異ならないのは自明ではないか。

私の本務校でも短大教育は資格と就職だという声は今になってさえまだ少なくない。それに意味がないのではない。学校教育法第108条に「職業又は実際生活に必要な能力を育成することを主な目的とする」と謳われている短期大学は、第1部で佐藤が宣言した通り「職業教育の本流」なのであり、保育士や栄養士といった資格の養成課程としてのカリキュラムと専門職への就職は、短期大学という学校種の創設時から今に至るまでその根幹をなすものであり続けている。「職業教育の本流」の学校種として資格と専門職就職はむろん重要だが、しかしそのことを前提とした上で、それをベースにどのような能力（＝付加価値）を、どのような方法（教育）で身につけるか、それが専門学校とは異なる短大独自の教育としての問題なのだ。

稲永氏はそれをもたらすのは「自発的で幅広い学習への学生のコミットメントを促す仕掛け」だと言い、また、「長期的なキャリアに対する短期大学の有用性を高める方途を探ること」こそが、「今後の短期大学の展開に必要な議論」[6]だと指摘している。その後のJCCKの活動はある意味で、この指摘に対して短大教育の長期的効用をどのように作り上げるかの模索にあったと言って

5） 同報告書「第8章　短大における教育内容と勉学条件」8-5まとめ
6） 同報告書「第11章　短大教育・キャリア・アウトカム」11-3まとめ

もよい。JCCK 参加短期大学が実施している合同の学生アクティビティはその一つの答えであった。どのように？　それは本節の最後に記そう。

◆短大教育の長期的効用への期待……各種ステークホルダー調査から

　それでは、「長期的なキャリアに対する短期大学の有用性」とはどのようなものだろうか。その手掛かりとなりそうな報告を、CC 研、JCCK で実施したステークホルダー調査から駆け足で拾ってみよう。

　まず、「短期大学ステークホルダー調査」は、短大基準協会調査研究委員会からの委託研究で、平成17〜18年（2005〜2006）にかけて、短大卒業生を、彼らが就職・進学した先がどのように評価しているのかについて、企業8社、福祉施設5ヶ所、編入四年制大学3校を訪問して実施したインタビュー調査である。その報告書[7] は各事業所のインタビューを以下のように総括している[8]。

　　共通して職場が必要としている特性は「人間性」であり「コミュニケーション能力」であった。予測していた「専門知識・技能」は散見される程度であった。＜中略＞職業的発達にかかわる諸能力は4つの領域からなっている＜中略＞人間性、コミュニケーション能力はこの中の一つの能力すなわち「人間関係形成能力」に当てはまる。他の情報活用、将来設計、意思決定能力につながる特性はほとんど職場からは上がってきていない。

　大摑みにまとめてしまえば、短期大学の出口の先にある職場が短大卒業生に求めているものは必ずしも専門分野の知識・技能ではなく、「人間性」と「コミュニケーション能力」だったということになる。そして、ここで挙げられた「人間性」とは、以下のようなものだという。

　　（採用時に重視する人間性）「思いやり」「素直」「謙虚」「協調性」「奉仕の精神」「向上力のある人」「継続意欲」

　　（職場で必要とされる人間性）「自己研鑽」「キャリアアップ志向」「学び続ける姿勢」

7）　短期大学基準協会（2007）『「短期大学ステークホルダー調査」調査研究報告書』
8）　同報告書「第2章　職場のステークホルダー調査の結果と考察」

次に、高校教諭のパネルディスカッション「高等学校から見た短期大学の教育」は、ステークホルダー調査の一環として平成20年（2008）12月に福岡工業大短期大学部で実施したもので、福岡、佐賀、長崎の6校の高等学校の校長、進路指導主事等から話を聞いている。

この席上、福岡県公立古賀高校[9]の進路指導主事で、終始ディスカッションをリードした米原光章氏は、「短大に期待することというのは、キャリア教育とさっき出ましたけれども、私はその根幹というか、行き着く先は、生きてゆく力を身につけることではないのかなというふうに感じています。それをつけてください」[10]と短期大学への期待をまとめている。

最後に、ステークホルダー調査の一環として平成23年（2011）2月に佐賀市で開催した地域人材育成フォーラム「地域に貢献する短期大学教育の可能性」[11]についても触れておこう。フォーラムの後半で実施したパネルディスカッション[12]の最後にまとめを要請されて、本書の冒頭論文を記した佐藤弘毅は、ステークホルダーが短期大学に求める教育の内容を次のように端的に述べている。

　　産学連携とか、こういう言葉は、私達は、すぐ大学や短大が「より即戦力にするにはどうしたらよいか」という発想にどうも陥りがちです。自縄自縛になっている。ところが、産業界の意見は必ずしもそうではない。先ほど紹介した中教審の特別部会なんて、大企業の方も中小企業出身の代表の方も、異口同音にそうは言わない。大学に求めているのは、将来伸びていく可能性をしっかりと培って欲しいと。potentiality を養ってほしいというはなしだった[13]。

短期大学の出口と入口に立っているステークホルダーへの調査から浮かび上がってくる短大教育への期待は、「コミュニケーション能力」「自己研鑽」「キ

9）　当時。現在は古賀竟成館高校
10）　このパネルディスカッションの報告書は刊行されておらず、手元のテープ起こしの記録から引用した。
11）　JCCK地域人材養成部会（2012）『地域人材フォーラム・アンケート報告書』
12）　テーマは「地域を担う人材育成における地域と短期大学の連携・共同の可能性を探る」
13）　同報告書68頁

ャリアアップ志向」「学び続ける姿勢」「生きてゆく力」そして「将来伸びて行く可能性」と、いずれも、即効性のある知識やスキルではなく長期的効用なのであった。そしてそれらの力は、大学入試のための学力偏差値的に言えば必ずしも高いとは言えない大多数の短大生／短大卒業生にとって、また、彼／彼女らが社会に出た後に突き当たるであろう「ガラスの天井」をいかに打ち破るかという意味でも、「知力を突き抜け、社会へ突破する力」とでも呼ぶべきものなのである。

　なお、佐藤は、平成26年（2014）２月に福岡市の香蘭女子短期大学で開催された公開研究会でも「本流としての職業教育」という題で講演し、これからの短大教育には専門職業能力とともに汎用的職業能力の育成が重要で、特に「倫理観」「チームワーク力」「自己管理力」「問題解決能力」「総合的学習力」を職場が重視していることを述べている。この講演は、佐藤をリーダーとする研究チームが実施した職場で重視される能力に関する調査[14]の分析結果に基づくもので、職場で求められる能力の多くが長期的効用を伴うものであることがわかる。

◆「社会を生き抜く力」を育てるフィールドとしての地域

　ここのところ、初等・中等教育から高等教育までの全ての教育段階で、アクティブ・ラーニングの導入が、文部科学省（以下、文科省）によって急ピッチで進められている。経済産業省も各教育段階でのインターンシップの拡大を進めているが、これらの政策が目指しているのは、人工知能の急速な進化に伴ういわゆる第四次産業革命の進展による産業構造および就業構造の激変に対応した人材育成である。経産省によれば、今後育成することが必要となる基幹能力としては「創造性」「問題発見・解決」「マネージメント」「ヒューマンタッチコミュニケーション」等、マインドとしては「チャレンジ精神」「自己研鑽意識」「多様性・異文化理解」等が挙げられるという[15]。

---

14)　目白大学短期大学部（2011）『短期大学における今後の役割・機能に関する調査研究』

このようなこれからの日本社会で必要とされる教育は、私たち JCCK の調査でこれまでの短大教育を振り返って得られた「知力を突き抜け、社会へ突破する力」という短大教育の到達目標と、結果的に重なっている。「コミュニケーション能力」「学び続ける姿勢」「自己研鑽意識」や、「問題発見・解決」「多様性・異文化理解」、あるいは、佐藤調査が明らかにした汎用的職業能力としての「倫理観」「チームワーク力」「自己管理力」「問題解決能力」「総合的学習力」等々、短大教育に求められているものは少なくない。また、これらはいずれも単なる知識・技術にとどまらず、卒業生調査の分析結果を踏まえて稲永氏が指摘した「自発的で幅広い学習への学生のコミットメントを促す仕掛け」によってしか得られないが、身に付けることができれば中長期にわたって有効なものでもある。

　文科省はさしあたりそのような学習成果をもたらす仕掛けをアクティブ・ラーニングという言葉でくくっているが、学生の主体性・能動性を引き出すための双方向的な授業という意味であれば、そのような学習は不十分ながらも行われてきてはいる。それをさらに充実させる必要があるのは無論だが、少子高齢化や過疎化、グローカル化が進行する地域の今日的な課題に対応するための今日のアクティブ・ラーニングは、教室を飛び出して地域をフィールドとする、まさに本来的な意味でアクティブな、体験的・活動的な学習でなければならないはずだ。JCCK 加盟短期大学でも、数十年かけて作り上げてきたものから最近取り組み始めたものまで様々だが、それぞれが創意を凝らした特色ある学習活動を、それぞれの地域をフィールドとして行っている。

　COC ＋や、平成29年度に新設されたプラットフォーム事業など、これも文科省が推進している産官と大学・短期大学との連携強化は、地方創生という文脈で、従来の内側に閉じた大学・短期大学から、地域ニーズに対応できる大学・短期大学への変容を目的とするものだ。しかし、短期大学にとっての地域

---

15)　第17回インターンシップ学会大会（2016.9.3＠目白大学）における経産省経産政策局産業人材政策課産業労働専門職　橋本賢二氏による特別講演「地域連携組織によるインターンシップの推進に向けて」資料

連携とは、目先のニーズに応えるためというよりも、「知力を突き抜け、社会へ突破する力」を育てる体験的・活動的なフィールドを新たに創生するためにこそ必要なのであり、地域のニーズに応えているかどうかは、ある意味でその結果に過ぎないのだと思う。地域ニーズに応えられるかどうかは地域に必要とされる高等教育機関として確かに重要だが、それ以上に重要なのは、全ての短大生／卒業生が地域の課題と向き合いつつ、その地域社会を生き抜くことができる、そのような力を一定程度以上のレベルで獲得することだ。

　第2章で語られるJCCKの学生合同アクティビティは、加盟7短期大学が地域と連携して作り出してきたそのような体験的・活動的フィールドで、学生が生き生きと活動し、成長するレポートである。

　本節の最後に、地域人材フォーラム（平成23年）のパネルディスカッションの吉本圭一氏のまとめの一節を引いておきたい。

　　これからの教育制度の焦点は、個人の知識・技能ではなくて、社会的に継承される知識・技能、社会学の用語でいう「ソーシャル・キャピタル」を作るというようなところかなと考えます。そうすると、短大は、地域を愛する、「コミュニティのコミュニティによるコミュニティ人材の高等教育」というようなコンセプトが一番ぴったり当てはまる。（中略）おそらく、地域に生まれ育って地域を愛する人材を育てる高等機関がないと困ると、本当は、社会の必要としてあると思うのですよ。地域を愛する人材を育てるための関係者の対話の場を我々短期大学コンソーシアムならではの特色をもって作らなければいけない。

　CC研として発足して以来、JCCKが実施してきた卒業生をはじめとする各種ステークホルダー調査や合同の学生アクティビティは、まさにそのような対話の場として構築してきたものだ。

　短期大学の置かれた状況は確かにかなり切ないが、職業教育の本流として短期大学は、今後これまで以上に「知力を突き抜け、社会へ突破する力」の涵養に力を注がねばならない。そのために短期大学は、卒業生のほとんど全てがそ

第 1 章　短期大学コンソーシアム九州とは何者か　81

の後の社会を生きて行くことになる地域社会を、学びのフィールドとしてより一層活用する必要がある。そして、そのような地域連携の推進こそが、結果的に地域に必要とされる短期高等教育機関としての短期大学の再生につながることになるだろう。

第 2 節　CC 研からコンソーシアム設立

　私たちが取り組んできたこの15年あまりの活動を一言で表すと「四大を追いかけない、短期大学としての教育は何なのか」の模索であった。四年制大学を追随するような教育（特に教養教育）は短期大学に合っているのか、必要なのかの問いから出発し、短期大学としての独自の教育が必要だということを調査研究から導き出した。そして、連携して様々なことに挑戦し続けてきた。

◆「短大をなんとかせんといかん！」

　平成14年（2002）、短期大学を切り拓きたいという思いが結集し、北部九州の短期大学の有志によって短期大学の将来構想に関する研究会（以下、CC 研）が発足した。

　第 1 部でも言及したように当時、短期大学は凋落の一途を辿っていた。短期大学は平成 5 年（1993）に入学者数が最高潮に達した後、入学者数は減少し続け、平成14年には26万7000人とピーク時50％にまで落ち込んでいた[16]。18歳人口の減少に伴う学生数の減少のみならず、全入時代の到来により四年制大学への進学人気が顕著となり始めたこと等も影響し、短大進学者が一気に減少していった。また、規制緩和に伴って短期大学から四年制大学へ移行を図る学校も増加し、さらには専門学校の台頭もあり、短期大学の存在が窮地に追い込まれていった。もはや短期大学は必要ないという「短大不要論」すら見られるようになった。

---

16)　学校基本調査
　　http://www.mext.go.jp/ b_menu/toukei/chousa01/kihon/1267995.htm（平成29年 8 月31日）

この状況を甘んじて受け入れていては、短期大学の存在意義は薄れ、近い将来不要になってしまうと危機感を感じる人はありつつ、一つの短期大学ではどうしようもない、何から手を付けるべきなのか見当もつかない状況でもあった。それでも、「短大をなんとかせんといかん！」と感じた有志が結集し、CC研を発足させたのであった。CC研は長崎短期大学の安部直樹学長（当時）と九州大学で教育社会学を専門とする吉本圭一助教授（当時）を中心に「短期大学の発展と存続のための改革論議を地方から」という趣旨のもとに始まった。短期大学の教職員は、それぞれの専門領域を持って日々教育活動を行っており、高等教育研究の専門家ではない。そのため、窮地に陥っている課題を捉え、分析し、打開策を打ち立てることは難題であった。そこで、CC研では専門家を交えて、短大教育がいかにあるべきかを分析し、現代社会のニーズに合った教育を構築することを目指し、調査研究を進めることになる。

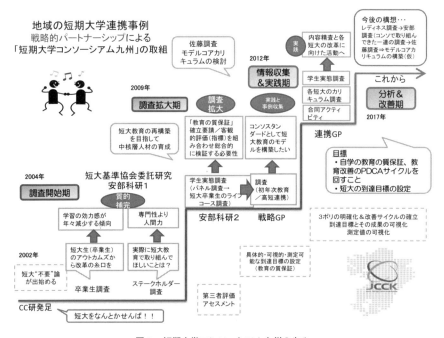

図1　短期大学コンソーシアム九州の歩み

第1章　短期大学コンソーシアム九州とは何者か　83

　短期大学は、学校教育法の中で「深く専門の学芸を教授研究し、職業又は実際生活に必要な能力を育成することを主な目的とする」（第108条）ことが定められている。短期大学のあり方としてCC研が着目したのは、「職業又は実際生活に必要な能力を育成すること」である。以降今日まで、様々な調査研究を進め、各短期大学および参加校が連携して教育プログラムを実践するなど、様々なアプローチによって、短期大学の存在を模索してきた。図1は、CC研発足から現在までの活動をまとめたものである[17]。

◆まずは現状把握から（調査開始期）

　短期大学の存在意義を高めるため、現状把握およびニーズを適切につかむことは必須の課題であった。そこで、まず短大卒業生に対するアンケート調査に着手した。内容は短大教育や各種の支援に対する満足度であり、短大教育のアウトカムズから現状把握および、改革の糸口を探ろうとした。次に、卒業生調査を質的にも補完するために、短大卒業生の進路である施設・企業・進学先へ、職場で必要とされる能力、短大教育に望むこと等を中心にインタビュー調査を実施した。さらに高校教員に対して短期大学やその他の進学先に対するイメージや意見についてのインタビュー調査、行政関係者（地方公共団体）から地域の高等教育に対する意見を収集する等の調査を実施した。これら三つの調査研究は、短期大学基準協会調査研究委員会からの委託研究として取り組んだものである[18]。また、科学研究費を獲得し、卒業生調査やステークホルダー調査を実施した[19]。

　調査開始期の調査研究で見えてきたことは、以下のようにまとめられる。

---

17)　図1では、活動内容等から4つの時期に分けてそれぞれの時期の調査内容や結果を実践、教育に対する社会状況を点線で囲んだ。またその他、必要な項目を盛り込んで作成している。

18)　短期大学基準協会調査研究委員会からは、2003〜2010年に委託を受け、短大卒業生の進路・キャリア形成と短大評価 調査研究」：卒業生調査／「短期大学ステークホルダー調査研究」：施設・企業・進学先へのインタビュー調査／「日本型コミュニティ・カレッジ開発研究」：高校の先生・行政関係者へのインタビュー調査・意見交換の各調査を実施した。

19)　平成16〜18年度科学研究費補助金 基盤研究（B）「短大卒業者のキャリア形成に関するファーストステージ論的研究」（研究代表者：安部恵美子）

1. 人格形成や就職支援について、卒業生は短大教育を高く評価している。一方で、短大教育の効力感は年々減少する傾向があること。
2. 職場が必要としている特性は「人間性」であり「コミュニケーション能力」であること。
3. 高等教育機関と地方公共団体との関係性が希薄なこと。

◆調査継続と実践のためのコンソーシアム結成（調査拡大期）

短期大学の発展と存続のための改革には、常に状況を把握し続けることが不可欠である。そのため、平成21年（2009）頃から調査をさらに拡大し始めた。この時期、CC研メンバーは2回目の科研費を獲得し、在学時〜卒業後までのアンケートによるパネル調査を実施した[20]。この調査では、在学生の学修・生活実態から卒業後までを調査することにより、短期大学を卒業した学生のライフコースを調査することができた。在学時の満足度や卒業後の進路選択、職業と短期大学での学修内容との連関等を様々な視点から分析を試みた（この調査研究の一部は本書第2部第3章第2節でも触れている）。ここでは、在学時の学修意欲の高さが、短期大学における教育内容の満足度に影響を与えていることがわかった。当然、学生の学修意欲が高いほど、学修時間も増加している。さらに学修への満足度が高いほど、卒業後の職業で短期大学での学修が活用されていると感じ、自己効力感の向上につながっていた。また、教員との距離感の近さが短大生活への満足度につながっていること、職業意識の形成において、短大教育の内容が大きく関わっていること等も明らかとなった。

そこで、これらの調査を進めつつも、卒業生調査から導き出された仮説をもとにした教育プログラムを実践していくことが次なる課題となった。教育プログラムの実践とは、すなわち教職員がサポートしながら、学生の学修意欲を引き出し、学生が主体的に取り組んでいく教育プログラムを実施することで、学修時間の増加や学修意欲の向上を図り、結果卒業後に効力を持続することが可

---

20) 平成21〜24年度科学研究費補助金 基盤研究（B）「短期大学教育と地域ステークホルダーに関する総合的研究」（研究代表者：安部恵美子）

能なプログラムを構築、実践することであった。加えて、調査開始期の調査結果から、社会で求められる力である「人間力」の向上も踏まえることとした。

このような教育実践への取り組みをさらに深め、CC研を発展的に解消し、同年9月調査研究のみでない連携活動を進めるため、新たに短期大学コンソーシアム九州（以下、JCCK）を結成した。結成と同時に文部科学省の大学教育充実のための戦略的大学連携推進プログラムにも採択され、「地域の人材育成に貢献する短期大学の役割と機能の強化のための戦略的短大連携事業」（以下、戦略GP）に取り組むこととなる[21]。

以後JCCKでは図1の通り、調査研究から実践と情報収集を進め、検証をするといったPDCAサイクルを構築し、事業の拡大を目指す。戦略GPでは、

    A．高校短大連携部会

    B．教育課程・内容部会

    C．FD/SD研修部会

    D．学生支援部会

    E．地域人材養成部会

の五つの部会を設定し、事業を展開した。各部会の詳細な活動は、事業報告書を参照していただきたい。A、B、D、Eについては、教育プログラムの充実という文脈で展開された。一方Cについては、短期大学の教育を支える教職員を育てるため設置された。いずれの教育機関においてもFD/SD研修は不可欠であったが、地方の小さな短期大学が単独で実施できることは限られていた。そこで戦略GPでは新たに部会として設定し、連携して教育力や学生支援力の向上を図ることにした。こうしたJCCKの活動が短期大学の発展につながると考えていたからである。

連携してのFD/SDは想像以上に効果を発揮している。研修会だけでなく、部会において他の短期大学の教職員と議論を交わしたり、交流したりといった

---

21)　短期大学コンソーシアム九州は当初、現在の加盟7校に東海大学福岡短期大学、福岡工業大学短期大学部を加えた9校でスタートした。そのため戦略GPもこの9校で取り組んだ。しかし、現在7校にて活動を進めている。

機会が、自校との差を認識させ、様々な発見、改善につながった。さらにはネットワークが構築され、情報交換が活発に行われるようになった。私たちの活動は、国内でも珍しい活動である。学生数が減少する短期大学にあって、立地的にも近隣にあり学生募集上競争相手となる学校同士が手を組み、様々な連携活動を実施すること自体が稀な事例であった。しかし、当事者の心底にあることは「短大をなんとかせんといかん！」という気持ちであり、短期大学全体の底上げを目的としていたため、大きな観点から問題を捉えることが可能であった。そのため、今日まで活動を継続できているのである。

◆情報収集実践期およびこれからの活動

　戦略 GP での成果については次章に譲る。戦略 GP の後、事業の発展に加え、現状把握と実践の成果検証を実施するための活動を始めた。その事業が平成24年（2012）、文部科学省の大学間連携共同教育推進事業「短期大学士課程の職業・キャリア教育と共同教学 IR ネットワーク」（以下、連携 GP）として採択されたものである。連携 GP は、現在の JCCK 加盟校である、香蘭女子短期大学・佐賀女子短期大学・精華女子短期大学・長崎女子短期大学・長崎短期大学・西九州大学短期大学部・福岡女子短期大学が取り組んだ。連携 GP では、これまでの調査研究を踏まえた IR ネットワークシステムの構築をメイン事業としつつ、戦略 GP で成果を上げた高短連携活動（高校訪問キャラバン隊）、地域のステークホルダーとの交流による学修経験機会（短大フェス）の設定を事業として掲げた。この時期からは情報収集実践期として、これまで拡大傾向にあった活動を、効果的な部分に絞ってその成果検証を実施することになった。また、成果を検証するためのスキームの構築、短期大学に合った職業・キャリア教育の構築を目指し情報収集を実施した。連携 GP の詳細については本書第2部第2章で取り上げている[22]。

　この時期、JCCK では短期大学独自の教育プログラムについて議論し、短大

22）　活動報告書等については、HPでも公開している。http://www.kyushu 7 tandai-renkeigp.org/
　　（平成29年 8 月31日）

教育のスタンダードを構築することを模索していった。スタンダード構築は、自学の教育内容等とのすり合わせにも関わる問題で、議論が思うように進まないが、この壁を乗り越えて連携することが肝要である。

　私たちの構築した短大教育のスタンダードが、全国の短大教育のスタンダードとなることを目指し、今年度より JCCK は新たなステップ（分析＆改善期）に歩みを進めた。

第 2 章

「職業・キャリア教育」の再構築

第1節　学生合同アクティビティの展開

　短期大学コンソーシアム九州（以下、JCCK）では平成23年（2011）から、短大生の「職業・キャリア教育」再構築の一環として、短大フェス（当初は短大フェア、第4回目から同名称）・高校訪問キャラバン隊（当初は母校訪問キャラバン隊、平成24年（2012）から同名称）等、合同で毎年学生のアクティビティを行っている。

　短大フェスはJCCK加盟短期大学の学生の合同の学習成果発表の場として、また、高校訪問キャラバン隊は高校から短期大学への教育段階間のスムーズな接続への支援事業として、地域から一定の評価を得ている。いずれの事業についても、当初学生募集効果のことが念頭にあったのは確かだが、それよりもむしろ学生への教育効果の高さが関わった教職員の間で回を重ねるにつれて次第に明らかになり、現在ではその目的の第一を加盟短期大学合同での「知力を突き抜け、社会へ突破する力」の育成に置いて実施している。

　保育士・幼稚園教諭や栄養士をはじめとする地域を支える中堅専門職人材の育成こそが、特に地方に所在する短期大学のミッションである。そして、その育成が今後の地域にとって必要不可欠なことは大方の認めるところだろう。いわゆる第四次産業革命、すなわち人工知能の進化に伴って、現在の仕事の5割近くが自動化されて消滅することが予想されており、複雑なヒューマンコミュニケーションに関わる仕事しか残らないと言われる。保育士や幼稚園教諭、栄養士など、とりわけ短期大学が主としてその育成を担っている分野が今後残る

仕事として挙げられていることからも、短期大学とそこで行われるこれら専門職人材育成の重要性は明らかだ。

一方で、現在の日本が抱える問題の一つに若年層の早期離職率の高さがあり、短期大学の卒業生もまたその例外でない。その要因として、人間関係やキャリアパスなどの職場環境、ガラスの天井問題、収入の低さ等々、制度の問題まで含めた外的な事情も指摘される。が、同時に卒業生の側に、チーム形成力やコミュニケーション能力、ストレス耐性等、社会人基礎力、コンピテンシー、エンプロイアビリティ、様々な言葉で表現されるが、要は社会人として求められている汎用的な能力（＝社会を生き抜く力）が十分に養われていないこともまた確かだろう。要因の一つとされる職業とのミスマッチという問題は、制度面や使用者側の説明不足とともに、学生の学習・準備不足など、外的にも内的にも課題がありそうだ。

第2部の冒頭でも述べた通り、これからの短期大学に求められるのは、専門職育成を基盤に置きつつも、厚生労働省などが定めたいわゆる指定規則至上主義から脱却し、「知力を突き抜け、社会へ突破する力」を学生が身に付ける教育である。単に双方向的な学習というだけではないアクティブ・ラーニング、すなわち、まさに社会における体験的・活動的な学習が求められる。そのためには、学びのフィールドを地域社会に広げること、それらに市民にも参加してもらうこと、また、それらのネットワークを短期大学が主体となって地域社会の中に構築してゆくことが必要となろう。『短期大学教育の再構築を目指して—新時代の短期大学の役割と機能—』（日本私立短期大学協会 2009）で、短期大学が今後担うべき役割として挙げられた「生涯学習の拠点」とは、そのような文脈で実現されるべき課題ではないか。

このような視点で私たち自身の活動を振り返ってみる時、JCCK がこれまで続けてきた短大フェスやキャラバン隊などの学生合同アクティビティ事業とは、まさに短大生の学びのフィールドを地域社会へと広げ、ネットワークを構築してゆく活動に他ならない。教室を飛び出して新たに開拓されたフィールドで、学生たちが予想もしなかった活躍を見せてくれること、目の輝きが変わること、

私たちはそのようなことを幾度も目にしてきた。

　本章ではそのようなことを念頭に置きながら、私たちが学生とともに行ってきた合同アクティビティの展開を一望してみたい。

第2節　学生合同アクティビティの成果と波及効果

2－1　地元に引き継がれる短期大学での学習と学びの意欲
──短大生による高校生のキャリア接続支援事業

　ある日、県内にある四年制大学（管理栄養士養成課程）に編入し、将来病院の管理栄養士を目指し頑張っているＦさんから久しぶりに連絡があり、短期大学に遊びに来るという。卒業後４ヶ月後の彼女の様子が気になったので喜んで会う約束をした。

　やってきた彼女は一見短大時代と変わらないように見えたが、話す言葉やしぐさなど、どことなく落ち着いているようだった。近況報告から大学の話になると短期大学での学びが非常に役立ったという。何が役立ったのか？　専門の勉強はもちろんだが途中から入ってきた自分にとって、まず人間関係を構築していけるかが不安だったという。しかし、その年の編入者が多かったことも幸いしたが、「高校訪問キャラバン隊」（以下、キャラバン隊）での経験が役立ったと彼女は語った。特に２年間連続して参加した「事前研修会」での経験が大きく、この経験を通して何をどう端的に伝えるか、どう表現すれば相手の記憶に残るかを学んだことで大学生活をスムーズにスタートできた、とにこやかに話す彼女の姿を見て、この取り組み「キャラバン隊」は間違っていなかったと確信した。

◆「キャラバン隊」とは何か？

　高等教育改革の中心課題として、いかに短期大学の機能（幅広い職業人養成、総合的教養教育、地域の生涯学習機会の拠点、社会貢献）を果たしていくかが課題[1]となって久しい。そのため「大学間連携共同教育推進事業」（以下、連携

GP）の目的にもこの機能を高めていくために学生の思考力、表現力を引き出し、その知性を鍛え、課題発見や具体化からその解決へと向かう基礎を身につける、能動的な授業を中心とした教育の保証をする必要性を掲げている。

「キャラバン隊」は、短大生が母校の高校生に自らの学びのあり方を伝えることで学生自身が主体的に学ぶ場を構築し、この事業を通して能動的に思考力、表現力、問題解決能力を向上させていくこと、また同時に、この連携短期大学合同のアクティビティ活動が、短期大学における教育の質保証のスタンダードの構築となることを狙いとし、短期大学コンソーシアム九州（以下、JCCK）発足後、「戦略的大学間連携支援事業」（以下、戦略GP）、連携GPと約8年間にわたり実施した事業である。また同時に高校生に短期大学の学びを伝え、進路選択の一役を担い、また教員にも成長した姿を見せ、短期大学の教育理解につなげるという高校−短期大学双方にメリットとなるアクティビティ活動の一つにもなっている。

そもそもこのような取り組みが先行事例として存在したかというと、四年制大学にいくつか自校のみの報告例[2][3][4]はあったが、短期大学しかも複数短期大学合同での例はなかった。そのため、模索しながらのスタートであった。特に訪問高校開拓に際し、高校の先生方の賛同を得るだけの知見がなかったことから、高校の要望を取り入れながら少しずつ進めることでようやく理解が得られ、現在五つの高校とは5年以上継続して実施している（平成28年度（2016）はさらに他県高校も加わった）。その大きな要因は"短大生"一人一人の力と連携短期大学の協力が不可欠であり、連携短期大学の関係強化にもつながったと考えられる。しかし、ここに至るまでには大変な作業が待ち構えていた。

1） 中央教育審議会（2008）「学士課程教育の構築に向けて（答申）」
2） 大分大学（2008）「学問探険ゼミを核とした高大接続教育」（平成20年度 文部科学省 質の高い大学教育推進プログラム（教育GP））
3） 有田亘（2015）「「高校訪問」フィールドワークを通じた初年次セミナーの試み」『国際研究論叢』28(2)、29−39頁
4） 後藤大輔・高旗浩志・樫田健志ほか（2012）「『母校訪問』を核とする全学教育課程初年次プログラムの成果と課題」『岡山大学教師教育開発センター紀要』第2号 別冊、125−135頁

では、ここからは「キャラバン隊」が軌道にのるまでの道のりを担当者としての苦難と共に説明していきたいと思う。

◆訪問までのスケジュール

まず、実施に当たり一番困難を極めたのが日程調整であった。複数短期大学合同での実施であったため、高校からの要望（訪問日時、学科・専攻）を優先すると各短期大学の実習（保育系、栄養系、インターンシップ）と重なる、あるいは訪問できない短期大学が生じるなど特に訪問日程の調整が難しかった。そのため各短期大学の担当者へ次年度の学年歴が決定され次第、主担当にメールを配信してもらうことで、訪問参加短期大学の行事、実習を把握し、高校への日程調整をスムーズに進めるようにした。以下に訪問までのスケジュールを示す。

3月下旬〜4月中旬：各短期大学は、主担当校へ次年度学年歴、訪問希望高校一覧を提出。主担当校は集約し調整

4月中旬〜7月　：高校の進路指導教諭へ依頼、訪問先高校、訪問時期日程、実施方法を調整後決定

5月〜6月　　　：訪問学生の決定後、担当校より訪問日時、訪問者名簿を配信。推進委員は訪問学生へ資料②〜④を配布し、「キャラバン隊」について説明

資料①「高校訪問キャラバン隊　実施要領」
（各短期大学担当者）

資料②「高校訪問キャラバン隊　願書」（訪問短大生）

資料③「高校訪問キャラバン隊　学生用マニュアル」
（各短期大学担当者・訪問短大生）

資料④「高校訪問キャラバン隊　訪問報告書」
（訪問短大生）

6月　　　　　　：「事前研修会」

6月〜　　　　　：訪問日時が決定した高校から随時、高校の校長、進路

指導教諭宛に訪問依頼文書発送

8月～9月　　　　：出身高校訪問

　　　　　　　　　訪問を終了した学生は、報告書を提出

9月～　　　　　　：報告会（各短期大学で実施）

◆訪問内容

　次に訪問の内容である。どうすれば短期大学を理解してもらえるのか、魅力を伝えられるのか、限られた時間の中で効率よくしなければこの事業は継続しない。前例がないだけに悩んだが、短期大学の認知度を上げることを第一に考えた。

（訪問内容）

　1．「キャラバン隊」訪問の目的

　2．自己紹介

　3．短期大学の紹介

　　①学生生活について（楽しさ、友人との出会い、サークル、学園祭、アルバイト、一人暮らし、学園祭の様子など）

　　②学習面について（短期大学で学べること、講義内容、試験、取得資格・免許、研修、卒研についてなど）

　　③短期大学進学について（志望動機、入試についてなど）

　　④短期大学の良さについて（後輩へのアピール）

　　⑤卒業後の進路について（就職先についてなど）

　4．高校側からの意見、要望、質問

◆訪問形式

　「キャラバン隊」（戦略GP）を始めた頃は、短大生が教室の前方にいて高校生が机に座って聞くという“講話”形式（写真1）で実施していた。派遣された学生たちは最初は緊張しているが、訪問先が母校であることから次第にリラックスして話ができるようになる。聞く側の高校生は大学の偉ぶった先生たち

写真1　講話形式

写真2　講話＋実技形式

が話すよりも、自分たちの先輩が話す方が興味を持って聞いてはくれたが、一方的な語りで終わっていたため「もっと詳しいことが聞きたかった」、「勉強以外のことが聞きたかった」などといった声が上がり始めた。そこで、平成24年度連携GPから"実技"（例：保育系「指遊び」）を取り入れ、実際に授業で行っていることを披露し、学びの理解につなげる試みに挑戦した（写真2）。これはなかなか良い戦略で、緊張がほぐれるアイスブレーキングの役を果たし、双

写真3　対話形式

方間にキャッチボールが生まれてきた。そうすると今度は「短期大学のメリットだけでなく、デメリットも知りたかった」、「どんなところに就職するのか」、「ピアノを習っていないが……」等、さらに質問が具体化してきた。これを解消する次の戦略として考えたのが"対話"形式である。高校生を志望学科別にグループに分け、その学科に進学した短大生が質問に答えてくれる、説明してくれることで自分の進路、将来が具体的にイメージできるのではないかと考えたのである（写真3）。

　短期大学とは？から始まった「キャラバン隊」が、次第に「どんな勉強をするのか」、「短大生活は」、そして卒業後の「未来像」、その夢を叶えるために「今、高校ですべきこと」を高校生が短大生の姿を通して進路選択を考えることができ、短大生は自身を振り返り、次につなげる大きな役割を果たすまでになったのである。

◆事前アンケート
　前述のように「もっと詳しいことが聞きたかった」、「短期大学のメリットだけでなく、デメリットも知りたかった」等、高校生からのニーズに応えるべく訪問形式を改善していったのであるが、同様にアンケートについても見直しを行った。それまでにも次年度の改善のため、実施後に「事後アンケート」をしていたが、遅ればせながら平成27年度（連携GP）から「事前アンケート」も実施した。これを実施することで当然ではあるが、高校生が何を知りたいのか

ニーズを把握することができ、学生もその事柄についてピンポイントで話せばよいため、双方にとってメリットが多いものとなった。

◆事前研修会

訪問形式の改善や事前・事後アンケートを実施することで訪問内容が充実し、高校生への進路選択の一助にはなった。しかし、短大生が自らの学びのあり方を伝えることで学生自身が主体的に学ぶ場を構築し、能動的に思考力、表現力、問題解決能力を向上させ得る教育の質保証のスタンダードの構築となったのか？という疑問が次に生じてきたのである。

訪問した学生たちも、報告書に「後輩からの質問にもっと分かりやすく伝えることができるとよかった」、「相手に話した内容が伝わったのか不安」、「授業で作成した媒体を持っていけばよかった」と書いており、回を重ねるごとに自ら問題を導き出し、解決法を模索している状態だった。そこで、平成27年度よ

写真4　「事前研修会」の様子

り事前研修会を導入してみることにした。

　事前研修会では自身の学生生活を振り返り、短大生活について後輩へわかりやすくプレゼンテーションを行えるようワークショップを中心に行った。具体的にはプレゼンテーションの基本、要素、資料の作成法（KP法）やプレゼンテーションの仕方を学び、最後はグループで発表を行うなど実践力や伝達力の強化を図る内容とした（写真4）。その結果、実施後のアンケートでも「プレゼンテーションに大切な要素を頭に入れたので、本番で役に立った」、「高校生が今、どんなことに不安をいだいているのか、何を知りたいかを事前に考えることができた」、「高校生たちの興味にそって、しっかりと伝える力が身についたと思う」、「自分の経験が誰かのためにもなるということを知ることができた」、「人に伝えること。保育の現場では人と接することが多いので、わかりやすく説明できるように自分なりにできた」といった自身の学修の経験に基づいた社会人基礎力（ジェネリックスキル）の向上にもつながり、研修会後に校外実習を控えている学科・専攻の学生にとっては自信と学習意欲の向上の場にもなったように感じられた。

◆結果

　何度も繰り返すが「キャラバン隊」は、短大生が母校の高校生に自らの学びのあり方を伝えることで学生自身が主体的に学ぶ場を構築し、この事業を通して能動的に思考力、表現力、問題解決能力を向上させ、同時にJCCK合同のアクティビティ活動が短期大学における教育の質保証のスタンダードの構築となることを狙いとしてきた。さらに短大生の学びを通した「教育の質保証」を目的とし、同時に高校生へ短大生との交流を通して短期大学の学びを伝え、進路選択の一役を担う、また教員にも成長した姿を見せ、短期大学の教育理解につなげるという高校−短期大学双方にメリットとなるアクティビティ活動の一つにすることを目的としてきたのであるが、この目的は達せられたのではないかと考えられる。

　先行事例もなく高校側の賛同を得るだけの知見もない中、ゼロからのスター

トであったが、連携短期大学が協力することで参加学生数、訪問高校数が増加、今では2県の連携校が参加するなどの成果を上げている。また、継続訪問している某高校から年間行事として「キャラバン隊」を導入したい、高校教員へ向けた短期大学理解の勉強会に「キャラバン隊」を活用したいとの要望をいただいている。

さらに、本事業の取り組みは本学の広報活動にも影響を与えた。従来、学生募集のための高校訪問は教職員が行っていたが、「キャラバン隊」で学生が訪問することのメリットが得られたことから、単独での「母校訪問」を展開するに至っている。

まだまだ改善することは山積しているが、「キャラバン隊」が「短期大学の位置づけ」としての役割、社会人基礎力（ジェネリックスキル）向上、「教育の質保証」のための「有用な接続教育プログラム」として有益な取り組みとなったのではないかと自負している。なぜなら「キャラバン隊」を2年間体験したF子さんが「先生！キャラバン隊に参加してよかった」と帰り際に自信に満ちた笑顔で私に語りかけてくれたからである。

2－2　晴れ舞台とオーディエンス
──短大フェスはこうして幕を開けた、そして今振り返る
──短大フェス・7短大合同学習成果発表会

◆短大フェスって何？

達成感！　まさにその言葉がぴったりくる瞬間だった。学生と共にアレンジをした「きよしこの夜」の音楽をバックに、参加者全員の合唱を聴きながら、この3文字の言葉が頭の中を駆け巡っていた。

そもそもこの短大フェスとは何か？　もちろん、単なるイベントというわけではない。これは「短期大学コンソーシアム九州」（以下、JCCK）に加盟する福岡・佐賀・長崎の7校の短期大学が連携、協力して実施をしている職業・キャリア教育の一環である。コンセプトは「九州7短大合同学園祭」で、以下の二つの目的を掲げている。1点目は、短期大学での学びの成果を披露する事で

学生の自主性や社会性を育むこと、2点目は、地域の方々に短大教育を広く知ってもらうことである。そして、フェスの活動を通して、①対人コミュニケーション力、②チームワーク力、③問題解決力、④社会的マナー、⑤倫理観、⑥論理的思考力、⑦自己管理力、⑧学習継続力、これらの学習能力の向上が見込めるよう、各短期大学でコンテンツの選出から学生指導や準備等も行っている。

短大フェスは平成24年度から始まり、これまで5回実施された。第1回は平成24年（2012）2月26日に福岡で開催し、オープンしたばかりのJR博多シティで行った。「九州の短大が博多シティに勢揃い～短大ってイイね」という、何とも魅力的なワードだな、と思った事を記憶している（この当時、筆者はまだJCCKの推進委員ではなく、自学の音楽科学生の引率教員としての参加であった。それが後に統括を担当する事になるとは、この時には想像だにしなかった……）。

第2回は舞台を佐賀に移し、平成26年（2014）2月15日に「ゆめタウン佐賀」にて84名の参加学生で行った。ちなみに、第2回目までは名称が「短大フェア」であったが、学生から「もっと覚えやすく、親しみがわきやすい名称が良い」との指摘を受け、第3回からは「短大フェス」へと変更した。

その第3回は長崎・佐世保を舞台とし、この回からはチラシの制作や、司会、会場案内等への学生参加を積極的に取り入れ、99名の参加学生で行った。そして第4回は開催地を福岡に戻し、天神のど真ん中、ソラリアプラザ1階のイベントスペース・ゼファで、参加学生数159名、来場者数407名という大規模実施となった。第5回は佐賀での実施、「九州7短大合同学園祭」の基本コンセプトに加え、「地域で生かされる学習成果」をもう一つのテーマとして掲げた。

◆第4回の「短大フェス in FUKUOKA」

さてここからは、筆者が統括をした、第4回の「短大フェス in FUKUOKA」の話である。各短期大学から披露されたコンテンツは以下のようなものであった。

【ステージパフォーマンス・プログラム順】

ダンス（佐賀女子短期大学）、紙芝居の読み聞かせ（佐賀女子短期大学）、クリスマスソングを楽しもう（長崎女子短期大学）、ペーパーシアター（香蘭女子短期大学）、オペレッタ（精華女子短期大学）、電子オルガンコンサート／よさこい（福岡女子短期大学）、ファッションショー＆コンサート（香蘭女子短期大学、福岡女子短期大学）、エンディング（参加学生全員）

【ブースコーナー・学校名順】

クリスマス雑貨を作ろう！（香蘭女子短期大学）、ネイルアート／食育おりがみ作り（佐賀女子短期大学）、職業・キャリア開発シミュレーション／体験型食生活習慣チェック（精華女子短期大学）、シュガーデコレーション（長崎短期大学）、アロママッサージ（長崎女子短期大学）、和綴じ体験（福岡女子短期大学）

【展示コーナー】

ファッション総合学科作品展示／ライフプランニング総合学科展示（香蘭女子短期大学）、タイ車イスプロジェクトパネル展示（佐賀女子短期大学）、福祉の学びと地域貢献／地域の創生と活性化にアクティブに活躍できる栄養士養成をめざして！（西九州大学短期大学部）

◆晴れ舞台への道のり（その1）

　今回の短大フェスでは、これまでの形を踏襲しつつ、新たに3点の新しい取り組みを行った。まず1点目は、香蘭女子短期大学ファッション総合学科と福岡女子短期大学音楽科による初の短期大学間コラボレーション企画の実施である。これは福岡女子短期大学学生の演奏に合わせて、香蘭女子短期大学学生がファッションショーを行うというものである。この企画を成功させるためには、何より事前準備と、双方がどこまでコミュニケーションが取れるかが鍵であった。両短期大学の学生リーダーによる打ち合わせを何度も行い、ファッションショーの構成や使用する音楽について、教員も交えての活発な意見交換を行った。その結果、学生たちは自分たちの想像以上に見事なパフォーマンスを見せ

てくれた。実は短期大学間のコラボレーション企画は案としては、これまでも何度か挙がっていたのだが、なかなか実現できずにいた。4回目にして、その第一歩を踏み出せた事は、もしかしたら学生の達成感以上に教員の嬉しさの方が上回っていたかもしれない。

◆晴れ舞台への道のり（その2）
　2点目は総合司会を一人の学生が全て担当したことである。これまでも部分的に学生が担当することはあったが、今回はフェス開催中11時から16時まで全ての進行を学

生が行う事にした。だが、これは正直なところ賭けであった。司会は「フェス」の成功を左右する大事な役割である。その大役を果たせる学生がいるのであろうか？　やはり学生には無理なのではないか？　そう自問自答を繰り返していたが、ある教員の一言で腹を決めることになる。「学生は出来るわよ！」そうなれば早速始動（指導）だ。事前に様々な経験（学び）を行った。最初に取り組んだのは、同じ学校の仲間も協力してのインタビュー練習。これは何回にもわたって行った。最初はぎこちなさの方が目立つ状態であったが、回数を重ねる毎に、そのぎこちなさは解消された。そして次に取り組んだのは学内での1年生に向けてのプレゼンテーション、最後にまとめとして、コミュニティFMに生放送で出演したことである。生放送なので「アドリブにどこまで対応できるか？」がこの時の目標であった。60分のラジオ番組、筆者もサポートとして横についたが、パーソナリティーの方とそのほとんどのやり取りを学生は立派に成し遂げてくれた。ラジオ出演後の振り返りで、学生は自分に足りない部分を認識しながらも、その表情は明るく見えた。そして「楽しかったです。本当に楽しかったです！」と語ってくれた顔を再度見た時、その表情はとても

輝いていたのを今でも思い出す。

　そして予想通り、いや期待以上の成果を見せてくれたのは言うまでもない。その後、司会学生に改めて質問をしてみた。「なんで、今回司会を引き受けてくれたの？」、答えは「だって、先生が今回のことを説明する時に、すごく楽しそうに話してくれたので」。学生の方が一枚上手だったのかもしれない。

◆晴れ舞台への道のり（その３）

　３点目は参加学生全員でのエンディング実施であった。開催時期がクリスマスシーズンであったので、学生と相談した結果「きよしこの夜」を選曲し、福岡女子短期大学音楽科学生による演奏をバックに全員で合唱を行った。７短期大学の学生が事前に一堂に会して準備をするというのは事実上、不可能な事ではあるが、「内容によっては全員参加の活動ができる」という事を、今回、証明してくれたのではないかと思う。

　「皆様、本日は短大フェス in FUKUOKA　九州７短大合同学園祭をご覧頂きまして、本当にありがとうございました。短期大学の私達の学びを少しでも多くの皆様に知って頂きたく、今回この福岡、天神の地で開催させて頂きました。そのような私達の思いが少しでも皆様に届けば大変嬉しく思います。来年は会場を佐賀に移して開催予定です。また、この短大フェス、九州７短大合同学園祭で皆様にお会い出来ます事を楽しみにしております。本日は本当にありがとうございました。」冒頭に書いた「達成感」の３文字と共にエンディングのアナウンスを聞きながら、晴れ舞台の幕を無事に閉じることができた。そして学生たちに「よくやった！」と大きな声で言うのを止められない自分がいた。

第2章 「職業・キャリア教育」の再構築　103

◆オーディエンスの存在（その1）

　今回は天井が吹き抜けの会場であり、来場者も1階のみならず、2階、3階からもステージを見る事ができる作りであった。そのような中、全ての来場者を一瞬にして釘付けにした学生がいた。自学福岡女子短期大学音楽科の声楽の学生である。その伸びやかな歌声と堂々とした佇まいは、ステージで光り輝いていた。フェスに参加した音楽科の学生たちは、他の学科学生と比べると、見られること、いわゆる「オーディエンスの存在」に対しては幼少期からの多くの演奏経験を通して慣れている。ただ演奏は経験を積めば積むほど、喜びや嬉しさと同時に、悩みや苦しみがあるのも事実である。筆者たち教員も自らの経験からそのことは重々承知しており、学生には在学中に数多くの舞台を提供し、そこからさらに多くの学びをと願っている。「オーディエンスが学生を育てる」、それは一つ一つの演奏経験がその後の人生を変えてしまう事だってあり得るかもしれないということである。演奏後に、声楽の学生が泣きながら「先生、今回は出演させて頂きありがとうございました」と、先程の歌声とは別人かのように、声になるかならないかの言葉で伝えてくれた姿を見て、「あ、この学生は次のステップへ進んだのだな」と実感した瞬間であった。そしてもちろん、

他の学生も素晴らしかった。筆者は学生たちに演奏をさせる時は常に舞台側から見守ることをしているが、今回は全体を統括する立場であったので、それができなかった。しかしこちらが指示を出さなくても、自主的に動いている学生たちを見て、これまでの学びが活かされている事を強く実感した。その証拠に全員、第一希望に就職、または進学をする事ができ、その思いはさらに強さを増した感がある。

◆オーディエンスの存在（その２）

　ここで来場者からのアンケート結果も紹介しておきたい。「とてもよかった」と「よかった」を合計した満足度は、どの年度もほぼ100％に近い数値を示していた。その上、年々、「とてもよかった」と回答している来場者の割合も増加している事は特筆すべきことであろう。また学生たちのパフォーマンスや対応に対する意見も「アイデアに優れていて楽しかった」「学生が輝いていた」「明るくて一所懸命でよかった」「学生が笑顔で気持ち良く接してくれた」「心がこもっており、対応がとても丁寧だった」「学生がとても親切だったので気軽に立ち寄り参加することができた」「ブース内において学生が日頃の勉強内容を活かして対応してくれた」など、高評価な内容が多く見られた。

◆認めること、任せること、信頼すること、褒めること、感謝すること

　第４回の福岡開催は福岡の３校（香蘭女子短期大学、精華女子短期大学、福岡女子短期大学）の教員とJCCKの事務局員、計４名を中心に、約１年をかけて準備を進めてきた。もし、フェスを終えて一言感想は？　と聞かれれば「一言なんかじゃ語れないくらい大変だった」である。７短期大学、それも所在地が離れている学校間の調整は想像を超えるものであった。しかし今後も続けたいか？　と聞かれれば、その答えは「イエス」である。筆者はこのフェスを通じて多くのことを学んだ。そして「学生に総合司会の大役が果たせるのであろうか？　やはり学生には無理なのではないか？」そう自問自答した自身を悔いた。ある教員の一言「学生はできるわよ！」全てはそこに集約されていたのだと思う。認めること、任せること、信頼すること、褒めること、感謝すること、これらの人が成長する上で大切なことに改めて気づかせてくれた。今振り返ってみて改めて思うのは、もしかするとフェスは学生の学びの場だったと同時に教員の学びの場だったのかもしれない。そう、短大フェスは学生と教員が両輪となり、お互いに成長できる素晴らしい機会であり、FDとしての機能も見出せた事は貴重であったと最後に記したい。

　「学生諸君、君たちは素晴らしかった。そしてありがとう！」

2－3　生涯学習の新たなフィールドとしての地域連携活動
──短大フェスでの地域連携学修成果報告

　地域連携活動は、従来から各短期大学が地域貢献として少なからず取り入れてきた学習コンテンツである。短大フェスでの地域連携活動の成果報告会では、地域連携活動が社会・職業への接続教育として貴重なものであることを共通認識した。これらのコンテンツが共有化され、広く地方に開かれたものとなれば、そこに多面的な価値創出の可能性を見出せる。

◆地域連携活動の背景と意義について

　短期大学が創設されて以来、地方の短期大学は、地域社会に必要な人材を供給するという大きな役割を担っている[5]。今日の少子高齢化、労働人口の減少と都心部への集中による地方の過疎化などによって日本の国力は衰退しつつある。産業界では人材確保という大きな課題を抱えるものとなった。短期大学が全盛の時代もあったが、地方の短期大学の多くは、少子高齢化が加速する状況の中で、学生定員を満たすことが難しく、短期大学の経営は大きな岐路に立たされている。

　このような状況の中、安倍晋三内閣は内閣府を中心とする「ひと・まち・しごと創生法」を整備し、平成28年（2016）4月1日から施行するものとなった。この目的は、魅力ある地域社会の環境整備、地域社会の人材確保、地域の雇用創出を行うことで人口減少の阻止、東京圏への人口集中の是正を図るものである。「ひと・まち・しごと創生総合戦略」計画は、平成27年度からの5年間の施策がまとめられたもので、施策の一つとして「地方大学等の活性化」が挙げられている。そこには、地方における自県大学進学者割合を平均36％、新規学卒者県内就職割合を平均80％にするなどの目標が挙げられている。「ひと・ま

5）　学校基本調査の年次統計（総務省統計局2017年8月3日公表）によれば、短期大学は、昭和56年以降現在まで、大学よりも比較的高い就職率を維持している。短期大学への自県内進学は一貫して高く、地方においては就職も地元志向が高いことから、人材や学修成果を地域振興に役立てているという点で短期大学の地域貢献度は高いと言える。

ち・しごと創生基本方針2017」（平成29年 6 月 9 日）では、この戦略の中間年として地方創生の新展開を図る方策の一つとして、地方創生に資する大学改革が挙げられている。そこでは、地域の中核的な産業の振興とその専門職業人材育成等に向けた取り組みを重点的に支援するとしている。平成29年度事業のうち「地方への新しいひとの流れをつくる」施策パッケージでは、文部科学省が多くの事業を担当している。短期大学にとっては、これまで地元に根付いた人材育成としての役割を担ってきた点で、地方創生の展開に大きなアドバンテージがあり、地域連携活動がカギを握るものと考えられる。

　地域連携活動には、産学官との個別あるいは協同での活動や、大学独自の地域活動も挙げられる。これまでの活動の多くは、活動の例を表に紹介するように、組織間の協定手続きをとらないレベルでの、地域との関わりを持つ各校独自の活動が多く示される。

　JCCK の活動は、それ自体が北部九州の大学間連携活動であることは言うまでもない。短大フェスの成果報告会は、学生の学習の場となるだけでなく、各地域に所在する短期大学での人材育成の実態を公開し、その成果や魅力をステークホルダーに伝えられる場ともなっている。

表 1 　地域連携活動

主な活動形態	対象	例
【教育分野】		
実習・演習	学生	専門職実習、一般参加イベント等
インターンシップ	学生	短期〜長期、就業体験、異業種体験等
サービスラーニング	学生	自主実習、幼稚園運動会補助などのボランティア等
【社会貢献分野】		
ボランティア活動	学生	清掃活動、市民イベントなどの補助等
商品提供	学生、教員	調理提供、チャリティ、対人的サービス等
公開展示・発表	学生、教員	公開される展示会や卒業研究発表会、学会発表等
公開講座・研修会	一般、学生、教員	市民講座、専門職向け講座、FD/SD 研修会等
非学位課程プログラム	一般	学び直し、検定資格、スキルアップなどの研修・講座等
高校生向け講座	高校生	専門職キャリア講座、キャラバン隊等
【研究分野】		
研究・開発	学生、教員	分析、商品開発、試作等

第2章 「職業・キャリア教育」の再構築　107

　今日の高等教育機関には、教育の質保証と質的転換が求められ、学生の学修成果に重きが置かれている。教育の質保証は元を辿れば、バブル経済崩壊後の就職氷河期以降に、産業界が高等教育機関に即戦力となる人材育成を強く求めたものであり、就職基礎能力（厚生労働省）、社会人基礎力（経済産業省）、エンプロイアビリティ（日本経済財団体連合会）などがまとめられている。また世界がシームレス社会へと変容する中で、米国や EU 諸国を中心とする世界的な教育改革が起こり、学習に真正の評価[6]や人間性[7]、グローバル化を求めるものとなり、生きる力（文部科学省）をはじめ、人間力（内閣府）、学士力（文部科学省）、「社会的・職業的自立、社会・職業への円滑な移行に必要な力」（文部科学省）、「21世紀を生き抜く力をもった市民」（国立教育政策研究所）などがまとめられた。さらに文部科学省は、実務を重視した高度かつ実践的な職業教育を担う専門職大学・同短期大学を創設する制度改革に踏み切った（学校教育法の一部を改正する法律（平成29年法律第41号）平成31年4月1日施行）。諸外国では、キー・コンピテンシー（OECD-DeSeCo）やフィージビリティー（OECD-AHELO）、国際成人力（OECD-PIAAC）、米国のバリュールーブリック（AAC & U）が示されていることは周知の通りである（平田ほか 2015）。また ICT をはじめとする様々な科学技術が革新的に進む社会においては、個人の経済的格差や社会的不平等が生ずると言われている。社会の生産性や質を維持・繁栄させるには、教育の充足が不可欠なものとなっており、「21世紀型スキルズ」として知られる教育の四つの次元（知識・スキル・人間性・メタ学習）が取り上げられている（C. ファデルほか 2016）。

　これらの教育の質的転換は、教員が何を教えたかではなく、学生が何を主体

---

6)　実社会・生活での課題とその学習内容のもとで、現実に即した活動によって進められる自律的な学習に対して評価するものであり、パフォーマンス評価、ポートフォリオ評価や学生調査等で評価されている。

7)　ファデルら（2016）は、人間性を、態度、振る舞い、思考態度、価値観、社会・情動的スキル、ソフトスキル、主体、心性、パーソナリティー、気質、信念、非認知的スキルの12用語を包括するものと定義している。短期大学の教育上、これら基礎的・部分的な素養を養成することは可能であろうが、基本的には生涯を通して学んでいくものである。

的に学び学修成果を得たかが重要となり、学習はアクティブ・ラーニングからメタ認知学習を含めたディープ・アクティブ・ラーニングへと深化している。地域連携活動は、その総合的学習の一つの場として意義があるだけでなく、職業・社会へのレディネスにとってたいへん重要である。実際学生のほとんどは地元への就職を進路とし、当然その教育が行われるなかで、接続教育にはこれまで大学編入学の機能に焦点が置かれていた。こんにちの社会からの要請において、高等教育へのレディネス（高大接続）も踏まえれば、高校と一般その他からの二つの入口と、大学編入と就職の二つの出口の、四つの接続教育には、地域と連携した活動の充実が求められる。

◆成果報告会の実施について

　平成28年度に実施した短大フェスでは、「地域で活かす短大での学修成果」と題し、地域連携活動から得た学修成果の報告会をプレゼンテーション形式で実施したことは、新しい試みであった。ステージ発表全体では、学生が主体となって司会進行を務め、発表に望む学生たちは熱心に取り組んでいた。発表会を通して学生たちは、他大学・異分野の活動報告を聴く中で、知らない分野を直接肌で感じ取ることができ、同じ分野においては自分が備える専門性への理解を再認識する機会にもなっている。さらに、学生が通う短期大学で、自分が所属する学科以外で何を学んでいるかをあらためて知る機会ともなっている。多様性を求める今日の社会において、これまで学んだ専門と従来の職域だけで働くということが難しくなりつつあり、一人二役ではないが、汎用的な能力を備え、専門分野以外とのつながりへの理解と立ち居振る舞いも必要となってくる。

司会・発表者のやり取りの風景

報告会では、「実践的活動から学んだこと」と題し、地方公共団体並びに事業施設団体との実地連携活動（「産後ママサポートクッキング教室」・「親子クッキング」の人的サポート、「菜カフェ'NOMBRIL'」の店舗企画から調理提供）、そして「災害時非常食『レトルトリンゴ』の研究」と題し、産業界および地方公共団体との

地域連携活動の発表風景

実地連携活動（企画立案からの参画、試作研究と商品開発）の成果と活動の意義についてスライドを使って発表がなされた。学生は、それぞれの実践活動の中で直接現場の人々と接することで、教室では学びにくい社会性や人間性を高める機会となっていた。また、各校が日頃に取り組んでいる活動の成果等について、情報を共有する場は限られており、活動内容とその成果、発表自体に対して、連携校の参加教職員の関心は高かった。

一方では、例年課題となっている一般・高校生・高校教員等の参加は少なく、また今回企画した就職先となる地元産業界にも開催の案内をしたが参加実績は得られなかった。本来、「学修成果」を高等教育機関に要請する産業界には、学修成果の実態として実際に観ていただきたいものであり、広報活動に課題が残された。しかしながら学生は、専門外あるいは他大学の学修成果を観ることによって、それぞれが獲得した学修成果に対する自己認識を深めるものとなり、教育上たいへん効果的であった。

報告会は、いわゆる学会発表のような形態で緊張感があり、プレゼンテーション力を磨く場として貴重なものであった。コンピテンシー要素が不足する学生にとって、基本的に学内の学習で担保される知識や技能・表現だけでなく、態度や志向性、実践的経験としての行動力や創造的思考力、批判的思考力を、専門の実習にとどまらない社会人的領域で獲得することが可能となろう。これまで多くの連携活動が学習に組み込まれてきたが、専門領域を除き、汎用的な

能力、人間性やメタ認知的領域を測ることはほとんどなされなかった。これまでの諸活動にこれらの学習の効果がなかったわけではなく、それらの評価に対して教員は暗黙的に理解するにとどまっていた。われわれは、地域連携活動に職業・社会へのレディネスに対する潜在的カリキュラム[8]の存在を再認識し、内面性評価の顕在化指標について試行錯誤している。

　短大フェスの成果報告会自体の実施運営は、教職員の支援的関与があって成り立っている。これはいわゆる卒業研究発表会に近いものであった。学習内容や活動時の指導はもとより、プレゼンテーションの指導は、原稿・資料の作成、発表リハーサルに及んでいる。また、発表会では他大学の学生2名が司会進行を務めたが、その打ち合わせでコミュニケーションが十分に図られるかが不安であったが、司会進行という共通の目的以上に、短期大学の枠を越えて親密になっていた。加えて教職員の支援的関与は、他短期大学の教職員・学生や、一般・高校生等から学修成果を観られることから、活動目的の指導だけでなく総合的な能力に対する指導も強く求められる。教員は無意識にその対応に向けた教育的指導の改善を図っていることを後になって気付くこともあった。

◆今後の地域連携活動への展望について

　地域連携活動は、それぞれ継続されてきた活動ではあるが、教育プログラムの開発としては終わりのない途上の段階と言える。現段階では、主な連携先とその対象が次の表の通り、連携対象別に示される。

　展開の新たな可能性としては、学生をはじめ、一般、高校生、地方公共団体、産業界・事業団体等が協同参画する各種融合型プログラムの設計が考えられる。多彩な融合型プログラムが、地域貢献、人材採用、人間性の高揚を図る生涯学習の機会となり、様々な立場の人が、地方から都心部の人々が幅広く集い、情報・活動を共有していける場になれば、地方創生にとって大きな意義を与えよ

8）　教育者の無意識・無自覚的な言動その他の学習環境により、学習者へ伝わっていく態度・志向性、知識、価値観、行動様式などを指す。フィリップ・ジャクソン（1968年）が提唱する「ヒドゥン・カリキュラム」であり、「隠れたカリキュラム」とも言われている。

第 2 章　「職業・キャリア教育」の再構築　111

表 2　地域連携活動の連携対象

連携対象	連携対象からの参加／参画者
一般（地域住民）	（有職者）・親子（子育て世代）・学生・離職者・再就職希望者・定年退職者・孫守世代
学校・施設等	児童・生徒・学生・利用者・教職員
他大学・短期大学	学生・教職員
地方公共団体	職員・地域住民
産業界・事業団体	職員
研究開発法人	研究員
東京圏・その他の地域	一般・学生・教職員

う。地域連携活動の新たな地方創生ステージとして、一般の参加を促進することで、地域貢献や生涯学習の場となるだけでなく、職場復帰等の再就職、退職者の再雇用、UIJ ターンなど、地域人材の掘り起こしや確保として地域の活性化の契機となることが期待される。学生は社会人との協同活動の学習を通して有効な学修成果の獲得が期待される。実際の活動には複数のねらいが盛り込まれるものとなろう。教育機関としては、教育プログラム内の位置づけ、ねらい、活動内容、そして学習評価をきちんと計れるように設計しなければならない。地域連携活動の事例研究からは、社会人基礎力の主体性と規律性の活動成果と、活動の成果として直接得ることが難しい成果（2 年生では傾聴力・ストレスコントロール力・柔軟性・計画性の順）に学習効果が比較的高いことが示された（平田ほか 2017）。

　地域連携活動の課題としては、これらの実施運営に係る財的・人的資源であるが、何よりも教職員とステークホルダーが関心を持ち、積極的に参画できるプログラムを創造する必要がある。連携短大が、例えば「はとバス」[9] のような戦略的発想を持って、多彩なプログラムを共同開発することで、利用者の拡

9）　東京観光で知られる「株式会社はとバス」は、高度経済成長期の1960年前後に最盛期を迎えたが、それ以降は下降を辿り、バブル経済崩壊後の1990年代後半には危機的な経営状況となった。しかしその後は、営業戦略の転換が図られ、経営のV字回復を果たしている（株式会社日本マーケティング研究所HP「創業65年。今、「はとバス」が面白い！　ノリノリな商品企画でファン急増中」JMR戦略ケース研究会2014年 7 月講演概要〔http://jmr-g.co.jp/research/viewpoint_hato.html〕平成29年 9 月閲覧）。

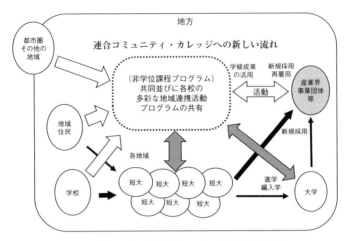

図 1　短期大学を中心とするひとの流れと活躍の場

大が期待される。

　文部科学省は平成29年度私立大学等改革総合支援事業調査票5（タイプ5：プラットフォーム形成）の調査を始めた（29文科高第423号 私振補第31号 平成29年8月7日）。プラットフォーム形成は、高等教育機関や産業界間の業務基盤形成によって事業成長を図るもので、今日の産業界では競争優位性の獲得・維持のための経営戦略となっている。プラットフォーム形成は、まさに図に示す組織連合体の形成であり、JCCKの共同事業のノウハウが活かされるものと考える。これまでは、各校で実施した地域連携活動を持ち寄って、情報を共有するものであった。今後の期待としては、同一プログラム、あるいは同一の学修成果指標を持つ多面的プログラムを共同開発し、各校の教育プログラムに効果的に導入されることが、北部九州地域との連携を一層強化させ、学修成果を活用した人材バンクとしての機能も充実が図れよう。仮に称する連合コミュニティ・カレッジが、プラットフォームの中でブランディングとなる可能性が見えてくる。

第3章
「教育の質保証」の模索

第1節　学生・卒業生調査の意義と共同教学 IR ネットワークシステム

　平成29年度学校基本調査（2017年8月3日公表（速報値））によると、全国の短期大学の総数は、337校（公立17、私立320）、在籍する学生数は、12万3950人で、いずれも過去最低を更新した[1]。

　この減少傾向は、平成5年に短期大学へ入学する学生のピークを過ぎたあと、約四半世紀にわたって続いてきたものであり、昨日今日始まったわけではない。しかし、改めて図1を用いてこの傾向を確認すると、四年制大学や専修学校とは異なり、短期大学は一度も浮上することなく、学生数を減らし続けてきたことがわかる。

　平成21年10月に発足した短期大学コンソーシアム九州（以下、JCCK）は、こうした学校数も学生数も減る逆風下での旅立ちではあったが、その使命は、とりも直さず「短期大学の役割と機能の明確化と強化」であり、「短期大学教育の再生を促進」すること、と高らかに謳い船出した[2]。

　JCCK の取り組みは多岐にわたるが、その活動の結実は、平成21年度採択大学教育充実のための戦略的大学連携支援プログラム「地域の人材育成に貢献

1）　文部科学省「平成29年度学校基本調査（速報値）の公表について」
　http://www.mext.go.jp/component/b_menu/other/__icsFiles/afieldfile/2017/08/03/1388639_1.pdf、
　平成29年8月3日（公表日）
2）　藪敏晴（2013）「大学間連携GPの取り組みに向けて─短期大学コンソーシアム九州のこれまで
　─」『短期高等教育研究』Vol.3 短期大学コンソーシアム九州紀要

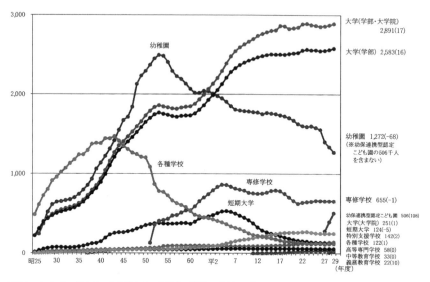

(注) 1 （ ）内の数字は、前年度からの増減値（単位：千人）である。
2 特別支援学校は、平成18年度以前は盲学校、聾学校及び養護学校の計である。
3 大学（学部・大学院）には、学部学生、大学院学生のほか、専攻科・別科の学生、科目等履修生等を含む。

図1　学校段階ごとの在学者数の推移（（注1）より作成）

する短期大学の役割と機能の強化のための戦略的短大連携事業」（以下、戦略GP）、および平成24年度採択　大学間連携共同教育推進事業「短期大学士課程の職業・キャリア教育と共同教学IRネットワーク」（以下、連携GP）の最終報告書としてまとめられている。

中でも、安部は、「逆境にある時にこそ、原点に立ち戻ること」が重要であると述べ、具体的には、「短期大学とは何か、短期大学ではどのような教育が行われているのか、短期大学に入学する学生とはどんな人たちなのか、彼らの在学中の活動は地域社会とどのように結びつき、卒業後にはどのような人材になっていくのか、短期大学で育てた人材に対する地域社会の評価や彼らのニーズにどのように応えていこうとしているのか」、というように、まずは短期大学自身が自己を知ることの重要性を強調している（安部2012）。

ともすれば、各短期大学では、こうしたデータ収集などの基礎的な作業では

なく、学生募集の方法にもっと力を注ぐべきだという方向に進みがちであるけれども、JCCK では、自己を知り、課題を見つけ、地域との交流の中に次の発展の礎を見出す必要があると考え、調査研究を中心に各種の活動を実施してきた。

本節では、JCCK における活動の中から、「教育の質保証」に関わる部分（上記の「自己を知る」部分に相当）を抽出し、各加盟校の事業推進委員の間で交わした議論の中で重要な部分を取り上げる。さらに、IR ネットワークの利用を通じて可能となったことを、組織における利用を念頭に伝える。

筆者は、教育とは、「人は変わり得る」ことを信じる営みと捉えている。しかし、教育を通じて本当に人が変わったかどうかは、教育を受けた者の内面を聞く（感想文等の提出を含む）だけでは十分ではなく、客観的データを積み重ね、自分たちの努力が実っているかどうかについて、エビデンス（データ）を用いて検証することを通じて、初めて教育の成果を確認できるのではないだろうかと考える。

今日もなお、多くの組織の中で、自らの主観（思い込みや心象）を各人の意見の根源とするような会議が実施され、組織の方向性を誤らせているのではないかと危惧している。短期大学を巡る外部環境は大きく変わってきており、我が国における人口構成の変化（人口減少社会の到来、超少子化社会への突入）、産業構造の変容（AI、IoT の活用を通じた第四次産業革命、働き方改革）、高等教育界における新たな教育手法（アクティブ・ラーニング、ルーブリックによる評価、PBL 型授業等）の導入など、例を挙げれば枚挙にいとまがない。過去の延長線上に未来があるわけではない「不連続な時代」を迎えている今日において、仮説を立て、データを収集し、分析し、組織へ伝え、対応を考え、さらにデータを収集しというプロセスを繰り返さなければ、今の時代に取り残されてしまうだろう。

こうした問題意識の中、JCCK 内で実施してきた各種調査を通じてわかったこと、並びに情報収集・分析における問題点、その問題点を克服する一つの方法として IR ネットワークシステム（以下、IR システム）をどのように活用し

ているのかについて、項を変えて、伝えることにする。

◆各種調査における発見と課題

　平成24年（2012）に始まった今回の7短期大学による連携GP事業は、平成29年をもって幕を閉じた。この約4年半の間にJCCKの活動の中で、筆者が深く関わった職業・キャリア教育成果検証部会（以下、検証部会）は、主として、7短期大学における共通調査（「入学半年経過時学生調査」（1年生対象）、「在学生卒業時調査」（2年生対象)、「卒業生調査」）の質問項目の作成と実施、データ分析を行ってきた。また、第2部第2章で紹介した学生合同アクティビティにおける各種のアンケート調査の質問項目の作成、データ分析を行ってきた。

　上記の結果の詳細については、連携GP最終報告書（大学間連携共同教育推進事業2017）の11〜24ページ、34〜36ページをご覧いただきたいが、学生合同アクティビティの成果については本書において既出されているので、ここでは7短期大学で実施した在学生に対する共通調査の成果の一部を確認しよう。

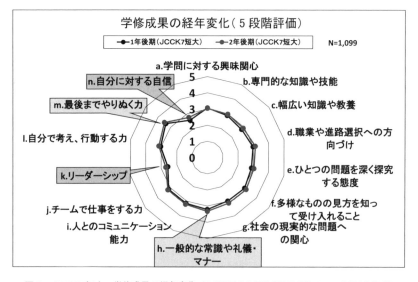

図2　JCCK7短大　学修成果の経年変化（大学間連携共同教育推進事業2017：武藤玲路作成）

第3章 「教育の質保証」の模索　117

図3　学科系統別の学修成果の経年変化（同前）

　図2は、平成26年（2014）に七つの短期大学に入学した学生（n = 1,099）を対象に実施した学修成果の経年変化のパネル調査の結果である。1年後期から2年後期にかけての変化を追ったが、「リーダーシップ」、「自分に対する自信」の自己評価は低いが、「最後までやり抜く力」「一般的な常識・礼儀・マナー」の自己評価は高い。また、14項目の能力のほとんどが1年時より2年時に上昇しており、1年間の学修成果が見られる。

　この結果からさらに七つの短期大学の学科を六つの学科系統に分類し、同様の分析を行ったのが、図3である。その結果、「社会」分野の学修成果の伸びが最も高く、「キャリア探索型」分野の伸びが最も低くなっていることがわかる。

　これは、入学時における学生の学習への取り組み意欲の差、もしくはカリキュラムや授業形態における違いが影響していると考えられるが、詳細は各短期

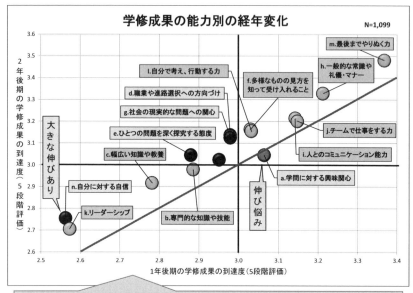

図4　学修成果の能力別の経年変化（同前）

大学において確認する他ないだろう。

　次に、同じパネルデータを活用し、学修成果の能力別経年変化を見たのが図4である。横軸に1年後期の学修成果の到達度を置き、縦軸に2年後期の学習成果の到達度を置き、斜めの線の上に来ると2年次の方が伸びていることを示し、逆に下に来ると伸び悩んだということになる。

　結果を見ると、「学問に対する興味関心」の伸びは低迷しているが、「自分に対する自信」「ひとつの問題を深く探求する態度」「職業や進路選択への方向づけ」「社会の現実的な問題への関心」には大きな伸びがあり、1年間のキャリア教育の学修成果が見られる。短期大学では、資格取得を目指す学科が多く、「学問に対する興味関心」を持ちにくい構造があるのかもしれない。こうした点を確認できるのも、共通調査の利点である。

これまでの内容をまとめると、七つの短期大学の学生の学修成果という一つの枠組みでの分析結果ではあるが、重要なことは七つの短期大学を比較することで、ベンチマークができ、自校の立ち位置がわかり、今後の改革に役立てやすいという点である。各短期大学単独でのアンケート調査では自校の強み、弱みを検証するのは難しく、経年変化や学科をまたいだ分析ができるのみである。また、運用上の問題として、単独でアンケートの質問項目を作成するのは事のほか大変で、アンケートの実施という点においても十分価値のある取り組みではないかと思われる。

　さて、次にこの共通調査の実施に関しての課題をまとめてみよう。上記のJCCK に加盟する 7 短期大学のデータを用いた分析結果は、平成27年（2015）9 月 3 日に行われた日本インターンシップ学会で、長崎女子短期大学の武藤玲路准教授より報告がなされている。同学会で配付された発表要旨によると、今回の連携事業を通じて開発したアンケート調査システムのメリットは、

　「①調査終了と同時に JCCK 7 短期大学と当該短期大学の回答が質問項目ごとに円グラフで出力される点

　　②全学生の回答一覧表が作成されるため、集計作業を追加することで自学の学修成果を JCCK 7 短期大学の回答をベンチマークとして検証できる点である。」

とまとめられた上で、

　「今後の課題は、キャラバン隊や短大フェスなどの合同アクティビティによる職業・キャリア教育の成果を、IR ネットワークの在学生調査とリンクさせて検証するシステムの構築である。」

と提言されている点は、今後の JCCK の調査研究の方向性を指し示している。

　つまり、今のところは共通調査のみを分析の対象としてきたが、今後は他の合同アクティビティの成果や各校における GPA 等の成績データ等と結びつけた多角的な分析が必要である。それらを通じて、各校の特徴がより一層際立ち、次のカリキュラムの改訂や学内組織の変革に役立てられるものと思われる。

◆IR ネットワークシステムの拡張性

連携 GP において開発した共同教学 IR システムについては、第 2 部第 4 章で詳細を伝えるが、ここでは従来行ってきた紙ベースでのアンケート調査との違いについて述べ、近年の変化の激しい時代におけるデータの速報性の重要性について伝える。また、勤務校において、筆者自身が行っている各種学生調査（「学生マナー調査」、「入学時調査」）について簡単に解説を行い、IR システムの最大の特徴はその拡張性にあることを示したい。

まず、筆者らは JCCK の前身である CC 研の時代から短期大学についての調査研究を繰り返し行ってきた。これまでに行った短期大学の卒業生に対する実態調査である「短期大学卒業者のキャリア形成に関するファースト・ステージ論的研究」（平成16年（2004）～18年（2006））や「短期大学教育と地域ステークホルダーに関する総合的研究」（平成21年～24年）では、紙ベースでのアンケートを実施した。

詳細は上記の報告書において確認していただきたいが、これらの調査が完了する頃には、すでに数年が経過しており、同時に分析に至るまでのデータ整理に多くの時間が取られたのが実態である。

今日多くの短期大学において、各種の調査が増えていると思われるが、紙ベースで行った場合、そのデータの処理に多くの時間が取られ、本当に行うべきデータ分析や分析結果の組織での活用にまで辿り着けない学校も多いのではないかと予想している。

今回構築した IR システム内のアンケート調査システムは、Web 上で実施するため、スマートフォンから回答することができ、また PC からも答えることが可能である。同時に、学籍番号などの個票データも完備しているため、他のデータと結びつけることも容易にできる。

確かに一部の学校では、補助金等の獲得のために、料金の安い紙ベースのアンケート調査を実施していると仄聞するが、おそらく在校生が卒業するまでにフィードバックされることはまず困難だろうと思われるし、目の前の学生が卒業してからデータ分析が始まるというのが通常ではないかと思われる。

今回構築した IR システムのアンケート調査では、回答率が20％を超えた段階から学生自身が自分自身の回答したものと、同じ質問項目を他の学生がどう答えたのかについての集計データが見られるようになっている。同時に、アンケート調査が終了すれば、すぐに Excel ベースでのデータをボタン一つで入手することができ、すぐさまデータ分析を行うことが可能である。また、集計結果は Web 上で計算され、円グラフ、棒グラフ、積み上げ棒グラフ等にボタン一つで加工でき、また自校のデータと他校の集計データを比較することができる。

人件費もさることながら、時間の節約、分析の簡便さをこの IR システムによって得ることができた。同時に、他の成績データとも結びつけることができるので、自校の置かれた状況や在学生をより深く理解することにつながるものと考えている。

次に、IR システムのアンケート調査システムの拡張性について勤務校での活用事例を通じて紹介する。これまでの話は、個別の短期大学の枠を超えた共通調査という話を主にしてきたが、実はこのアンケート調査システムは、各校独自の調査も行うことができる。筆者はこの機能を用いて、平成27年（2015）から「学生マナー調査」を勤務先の在学生全員に実施し、平成28年より「入学時調査」を入学生全員に実施している。

この二つの調査については、拙稿（中濱 2017）において詳述しているので、そちらでご確認いただきたいが、前者の学生マナー調査は、本学において学生たちに奨励しているマナー重点項目をきちんと理解し、実行できたかどうかを自分自身で確かめるものである。中でも学内で初めて明らかになったのが、過去１年間の間に横断歩道などを渡る際に危険な目に遭った学生は、約１割いることである。こうした調査結果を受け、学生指導委員会を通じて、各学科へ注意喚起するとともに、入学時、進級時、後期の開始時に繰り返し注意を促している。

また、入学時調査については、入学後間もない段階で、どのような入学生なのかを把握するために実施しており、内容は大きく、①入学の動機や生活実態、

②学生の体調の把握、を主な目的として行っている。同時に、これらの調査は、学内の委員会と結び付けられており、学生指導や広報活動における基礎資料として活用している。

　こうした活用ができるのも、IR システムに速報性が備わっているからであり、質問項目についても、一度構築すれば、テンプレートとして活用し、翌年もルーティンワークとして各種の調査を実施でき、費用面のみならず、時間と労力の削減を同時に満たす仕組みとして機能している。

◆結びにかえて

　在学生調査の目的は、あくまで自校の立ち位置を確認するためであり、自校の長所短所を理解することが、改革の出発点と捉え、実施しているはずである。しかしながら、過去の紙ベースの調査では、データの整備にかなりの時間を要し、結果として学内の改革につなげるまでに大きなタイムラグが発生していた。その意味において、今回共同で開発した共同教学 IR システムの効果は、省力化と速報性にあるのは間違いない。

　しかしながら、筆者自身の経験を踏まえると、システムの「拡張性」こそがこのシステムの一番の特徴ではないかと考えている。なぜなら、これからも各校の実情に合わせてアンケート調査を実施することが必要となる場面が増えるだろうし、その都度システムを構築するのはかなり大変な労力を伴う。その意味において今回開発したシステムは、多くのアンケートの質問項目に対応したシステムであり、拡張性において優れたシステムとなったと受け止めている。

　もちろん、問題はそうしてできたデータや分析結果をどう組織内に浸透させ、自校の改革へつなげられるかということであり、JCCK 全体としてもまだ道半ばではないかと思われる。ただ、構築したシステムの力は、少しずつではあるが各校の改革に生かされ、次の「各校の特色ある教育プログラム」の開発などに利用され始めており、もう間もなくこれまでの成果を開花させられるのではないかと期待している。

第3章 「教育の質保証」の模索　123

第2節　学生・卒業生調査の分析と活用

2－1　短大生のレディネス調査とカリキュラム改革
──「社会へ突破する力」の前提となる既存体験

　佐賀女子短期大学では平成27年度より、大学間連携共同教育推進事業（以下、連携GP）で構築した共同教学IRネットワークシステムを活用して、「知力を突き抜け、社会へ突破する力」を養う前提としての学生理解のために、短大生の体験的・活動的レディネス（生活技術の既存体験・学習）の調査を行っている。ここでは、このレディネス調査の概要と、調査結果に基づく佐賀女子短期大学のカリキュラム改革の一例を紹介する。

◆短大生の既得能力と学習、学習成果の構造
　第2部第1章第1節でも述べた通り、短期大学コンソーシアム九州（以下、JCCK）の調査を通して得られた「知力を突き抜け、社会へ突破する力」という短大教育の学習成果は、保育や栄養といったそれぞれの専門分野の学習をベースに、地域をフィールドとした体験的・活動的学習をはじめとする能動的・主体的な学習、いわゆるアクティブ・ラーニングによって中長期的な効用を伴って獲得されると考えられる。
　ところで、教室で講義を行う際に私たち短期大学の教員は、学生がどの程度その内容を理解できるかをあらかじめある程度把握して、それに応じて説明に濃淡をつけている。座学であれば、そのような学生の能力はいわゆる学力として把握される。入学試験でペーパーテストが課されるのは、まさにそのような意味においてのことだ。当たり前のことだが教育は、日々向き合っている児童・生徒・学生の実態を、教員が理解・把握することなしには成立しない。
　それでは、現在文部科学省が主導して各教育段階で急速に拡大しているアクティブ・ラーニングは、どのような学生理解のもとに行えばよいのだろうか。アクティブ・ラーニングが短期大学を含めた高等教育機関にとって今後最も重

要な教育方法の一つとなるのは確実だが、どのような学生理解を前提にそれを行うのかという議論はほとんど見当たらない。このような視点から、まず、短大生の既得能力と学習、学習成果の関係を整理してみたい。

従来、短大教育は下図のように理解されてきたと思われる。

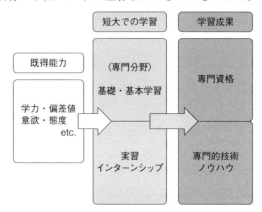

図5　短大生の既得能力/学習/学習成果（従来）

すなわち、一定の学力を持った学生に専門分野の基礎的な知識を教授、必要に応じて実習やインターンシップに送り出して、専門の資格と基礎的な知識・技術が身につく、というものである。

しかしながら、このような従来の考え方で行われてきた短大教育に対して、これもすでに述べた通り、卒業生他の調査からは、在学中の学習とその即効性に対する高い評価はあるものの、その一方で、早期離職率の高さやいわゆるガラスの天井問題などの課題も指摘されており、特にその長期的効用には疑問の声も多い。また、各種ステークホルダーからは、「コミュニケーション能力」「学び続ける姿勢」「自己研鑽意識」や、「問題発見・解決能力」「多様性・異文化理解」、あるいは、汎用的職業能力としての「倫理観」「チームワーク力」「自己管理力」「問題解決能力」「総合的学習力」等、中長期的効用のある学習成果が求められてもいる。

このような課題を乗り越えるある意味で万能の方法としてアクティブ・ラー

ニングの導入が進められている。つまり、従来短期大学で行われてきた専門分野の学習や実習に加え、地域連携活動やグローバル活動、ボランティア等々を充実させて、その現場で様々な人々と触れ合い、現場の課題に触れてそれを何とか解決しようと行動する、また、それらの活動を通して自分が必要とされる人間であることを実感する、といった、まさに体験的・活動的なアクティブ・ラーニングを通して「社会的適応力」や「コミュニケーション能力」、「課題発見・解決能力」「自己肯定感」を獲得する、というわけだ。

これらのことを念頭に置いて図5を書き換えたのが図6である。

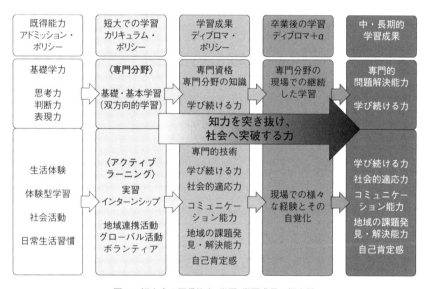

図6　短大生の既得能力/学習/学習成果　概念図

一見して明らかだが、アクティブ・ラーニングを通して得ることが想定されている学習成果は少なくない。そしてそれらはこれからの短大生／卒業生にとって確かに必要なものだ。補助金獲得のために形だけ実施してお茶を濁すというわけにはいかないだろう。私たち短大関係者は、このような地域連携他の活動に本腰を入れて取り組まなければならない。

もう一つ確認しておきたいことがある。図7は、短大生が入学前、在学中、

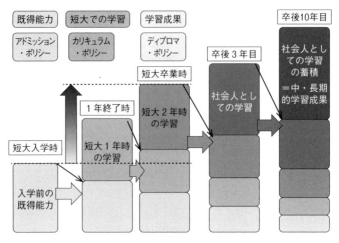

図7　各段階での獲得能力モデル

卒業後にどのように成長、能力を獲得してゆくのかの仮説をモデル化したものである。下から積み重なっているブロックは、短大生がそれぞれの段階で獲得している能力の量を表している。短期大学に入学するまでに獲得した能力の上に短期大学の2年間の学習があり、卒業時にここまで伸びている、というのがいわゆるディプロマ・ポリシーである。その前提としてここまでは学習しておいてほしい、あるいは学習していなければ入学させない、というのがアドミッション・ポリシー、アドミッション・ポリシーのラインからディプロマ・ポリシーのラインまでどのように教育して伸ばすのか、というのがカリキュラム・ポリシー、ということになる。

この図のポイントは、入学時、1年終了時、卒業時、それぞれに獲得した能力が時間の経過とともに縮小している、という点にある。これも考えてみれば当然のことなのだが、学習したことは次第に忘れて行くものだ。学び続けなければ、現状を維持することすらできないし、まして成長などできるはずがない。つまり、学習した内容ももちろん重要だが、それと同様か、あるいはそれ以上に重要なのが学習することを通じて身に付ける学習習慣だということだ。

各種ステークホルダーが短大教育に期待した「自己研鑽意識」や「学び続け

第3章 「教育の質保証」の模索　127

る姿勢」とはまさにこのことに他ならない。また、「生きてゆく力」、そして「将来伸びて行く可能性」の中にも大きな位置を占めていよう。そして、このような「学び続ける力」は、地域連携活動等の体験的・活動的アクティブ・ラーニングにおける事前学習から活動、そして事後の振り返りを通じて養うことができると考えられる。

　このような「学び続ける力」は、座学であっても教員からの一方的な講義ではなく、学生の主体的・能動的学習が必要な双方向的な学習によっても身に付けることができるだろう。そのような教育の質的転換の試みは、これまでも決して少なくない教員によって行われてきたはずだが、JCCK の調査によればそのような学習成果は卒業生には実感されておらず、私たち短大関係者は「学び続ける力」を涵養するためのさらなる教育改革を進める必要があると思われる。

　さてここで、「どのような学生理解のもとにアクティブ・ラーニングを行うのか」という初めの問いに戻ろう。図6に示した通り、アクティブ・ラーニングが学生の体験的・活動的な既得能力を前提とすることは明らかだ。このように、現在の短期大学での学習内容を構成している「知識」と「体験・活動」という視点から私たちの学生理解のあり方を振り返ってみると、短期大学での学習の前提として基礎学力が重視されてきたのに比べ、体験・活動に関する既得能力は全く顧みられていなかったことに改めて気付かされる。

　現在、佐賀女子短期大学で実施している短大生のレディネス調査とは、体験的・活動的アクティブ・ラーニング実施の前提としての学生理解のために、短大生の生活技術の既存体験・学習（体験的・活動的レディネス）を明らかにしようとするものである。

◆レディネス調査の概要
　このような生活技術の既存体験や学習に関しては、児童・生徒への学習効果についての調査が多数行われている[3]ものの、大学生や短大生に関する調査は

---

3)　南里悦史（1997）「子どもの生活体験と生活環境に関する実証的研究」（科学研究費補助金平成
　8年度報告書）他

128 第2部 短期大学コンソーシアム九州の挑戦——西からの風——

表1 レディネス調査の質問項目

分類	質問項目	
生活習慣・技術	朝ごはんを食べる 洗濯物をたためる 家族と1日20分以上は会話した お年寄りの介護/看病をしたことがある 近所のお兄さんお姉さんと皆で遊んだ 責任を持って何かを成し遂げた 本気でケンカし仲直りしたことがある 何でも相談できる友達がいる 針と糸を使って簡単な縫物をしたことがある 家族に得意料理を教わった	はさみで切り絵をしたことがある 友達に「ありがとう」と「ごめんなさい」を言ってきた 近所の人と挨拶をしていた 中高生の時に、遊びの中で友だちをおんぶしたことがある 洗濯機を使わないで衣類を洗ったことがある バスや電車でお年寄りや妊婦さんへ席を譲る
国語的体験	絵本/童話の読み聞かせをしたことがある 先生に敬語を使って話していた ホームルームなどで自分の意見を発言した	自筆の手紙を書いたことがある 国語の辞書をよく引いていた 図書館や本屋へ行った 新聞の記事を読んだ
算数的体験	ホールケーキを8等分できる 食料品や野菜の買い物に地域の商店へ行った 約束の時間を守ってきた	時刻表を使うことができる 道具なしで距離や長さを測ることができる 目分量で料理を作ることができる
理科的体験	田植え・花・野菜を栽培したことがある 自然の中（海・川など）で遊んだことがある 天体望遠鏡で星や月を見たことがある 草花を使って花かんむり・草笛・笹舟などを作ったことがある 昆虫を10日以上飼育したことがある	魚釣りや潮干狩りをしたことがある きのこ狩りや山菜採りをしたことがある 方位磁石なしで東西南北がわかる 人間の内臓の位置がわかる 薪を使って料理をした のこぎりやナイフで工作をした
社会科的体験	戦争や戦争前の話を聞いたことがある 博物館に行った 地元の名産品（特産品）を知っている 日頃からお年寄りと話すことがある 親の仕事を知っている ボランティア活動をしたことがある	お祭りや縁日に行ったことがある 困っている障がい者を手助けしたことがある 地図記号を使った地図を読むことができる

全く行われていない。そこで、質問項目については、児童・生徒を対象とした調査を参照しつつ、小学校の国語・算数・理科・社会科の教科書を精査して、そこで重視されている体験、および生活習慣・技術について検討して50項目を設定し、平成27年度より、4～5月に新入生全員に実施した。また、平成28年

第3章 「教育の質保証」の模索　129

度からは科研費事業[4]として、長崎短期大学、香蘭女子短期大学にも調査対象
を拡大し、また、ベンチマークとして四年制大学の長崎国際大学、韓国蔚山科
学大学校（短期大学）でも調査を実施している。年度によって一部に入れ替え
があるが、平成28年度に実施した質問項目は表1の通りである。

　短期大学での学習の前提とすることを念頭に、できるだけ保育や栄養、介護
など、各専門分野での実習や学習などにつながると考えられる体験についてバ
ランスを考えながら選んだが、短大生の学習成果の前提としてのレディネスと
いう意味ではまだ検討が不十分な点もあるかもしれない。質問項目については
今後さらに検討を重ねる予定である。

◆レディネス調査からカリキュラム改革へ

　平成27年度に実施したレディネス調査から見えてきたことを簡単に紹介して
おこう。以下の各図は、上述した質問項目を「生活習慣」や「観察力」など、
任意にカテゴライズし、佐賀女子短期大学の学科・専攻・コース（キャリアデ
ザイン学科、健康福祉学科介護福祉専攻、同学科食物栄養専攻、こども学科こども
保育コース、同学科こども教育コース）ごとにレーザーチャートにしたものであ
る。いずれの質問も、4段階の選択スケールで、最もネガティブな回答を1、
ポジティブな回答を4に設定している。

　生活習慣については、朝ごはんを食べる、洗濯物をたためる、など、思いの
他きちんとした習慣が身に付いているようだ。ただ、新聞を読む短大生はかな
り少数である。また、生活環境面では、お年寄りとの関わりが比較的薄い中で、
介護福祉専攻の学生は「お年寄りの介護・看病」の経験が突出して高く、専門
分野の特性が顕著に出ている例であろう。

　ものを作る、道具を使う事柄に関しては、いかにも女の子が好みそうに思わ
れる草花を使った遊びの体験がかなり低い数字になっているのが目を引く。ま
た、魚を包丁でさばいた経験がある学生もかなり少ないのだが、食物栄養専攻

4）　科学研究費助成事業　基盤C「短大生の体験的レディネス・アウトカムの特性とその関係性に
　関する研究」課題番号16K04645　研究代表者：藪敏晴

130　第2部　短期大学コンソーシアム九州の挑戦——西からの風——

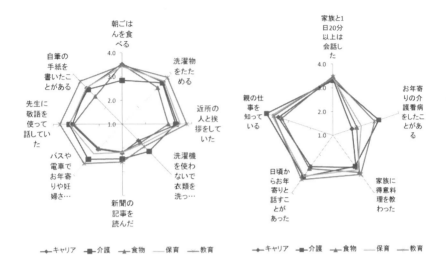

図8　生活習慣

図9　家庭/生活環境

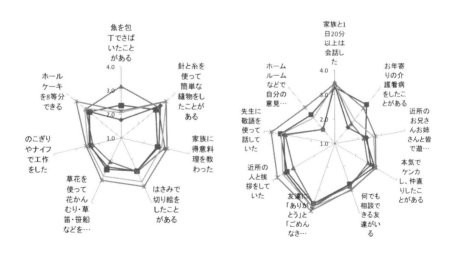

図10　ものづくり力、道具使用力

図11　コミュニケーション力

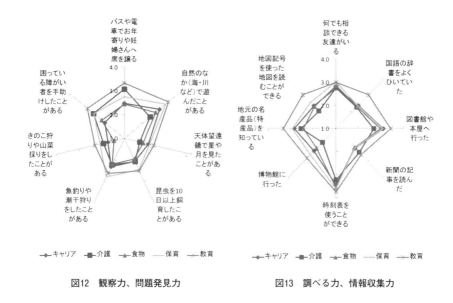

図12　観察力、問題発見力　　　　図13　調べる力、情報収集力

の学生の数値だけは突出して高く、介護福祉専攻の学生のお年寄りの介護経験同様、専門特性が歴然とした例である。コミュニケーション力に関する自己評価はかなり高いが、自分の意見を人前で述べる経験はどの分野でも低くなっている。

　自分の外部を観察する、あるいは問題・課題を発見することに関わる項目は概して点数が低い。その一方で何かを調べることについては比較的点数が高く出ている。ただし、時刻表を使える自己評価がほぼ4点満点で出ているのは、明らかに電車やバスに乗る際にスマートフォンを使用する経験からの自己評価だと考えられ、表現の再検討が必要な質問項目の筆頭である。

　以上、駆け足でそのごく一部を紹介しただけだが、レディネス調査の結果には興味深いものが多く、今後は四年制大学、および韓国の短期大学をベンチマークとして詳細に比較検討を行う予定である。

　最後に、佐賀女子短期大学のカリキュラム改革につながった例を一つ報告しておきたい。第2部第1章第1節でも触れた佐藤調査（目白大学短期大学部

2011）は、平成23年（2011）3月11日の東日本大震災直後の刊行となったため、残念ながらあまり取り上げられることのないままになっているようだが、短期大学の卒業生が働く職場で重視される能力と、短大教育で重視される能力とを並行して調査し、両者の差異を明らかにした非常に示唆的なものであった。佐藤調査は短期大学における保育士養成に関して、職場が「保護者・地域との関わり」や「協働性・関係構築性」を重視しているのに対し、短期大学が音楽や美術など「専門的知識・技術」の指導を重視する傾向があることを指摘している。現場が求めるものと、短期大学との乖離が進んできていることが明らかにされたわけで、この乖離を埋めることは今後の短大教育にとって最も重要な課題の一つだろうと思う。

　さて、その乖離の甚だしい項目として佐賀女子短期大学で注目したのは、「季節の移ろいを感じ取る力」「自然と触れ合う喜びを伝える力」「動植物への興味や知識の豊富さ」である。いずれも理科的体験レディネスと深く関わる項目であるが、同調査によればこの3項目は、保育現場のニーズが全体でもトップクラスの高さであるのに対して、短大教育がほとんど重視していないものだ。

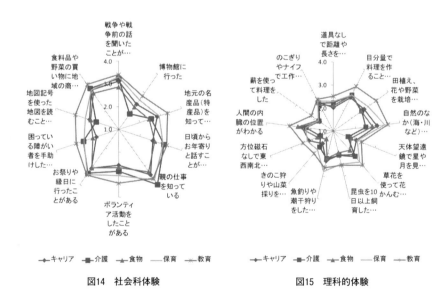

図14　社会科体験　　　　　　　　　　図15　理科的体験

図14、図15は平成27年度のレディネス調査のうち、社会科的体験と理科的体験に関する集計結果のレーザーチャートだが、これまで見てきた図8〜13と併せても、理科的体験の自己評価の低さは歴然としている。

つまり、この3項目について、現在の学生には既存の体験もほとんどなく、また、短大でそれを学ぶプログラムも準備されていないわけで、これまでの学生は、これら保育園・幼稚園の現場で最も必要とされている能力の一部を身につけないまま現場に出ていたことになる。そこで、この理科的レディネスとカリキュラムの不足を補うために佐賀女子短期大学では、平成28年度よりスタートした必修科目「旭の女性とみらい」のプログラムの中に、佐賀を代表する産物である嬉野茶のお茶摘み・釜炒り体験を組み込み、また、保育士資格必修科目「保育内容の研究」の中に、佐賀県立佐賀農業高校、および佐賀女子短期大学付属こども園とタイアップしての田植え・稲刈り体験、およびその米を使った餅つき大会を組み込むこととし、これを経験した学生がこの平成30年（2018）3月に初めて卒業を迎えた。成果の検証にはまだ数年かかるが、レディネス調査からカリキュラム改革への一つの典型的な事例になるだろうと思う。

レディネス調査は緒に就いたばかりで、本格的な分析はこれからだ。今後は、佐藤調査も参照しつつ、各専門分野の現場ニーズとそれに関わるレディネスとの関係を整理するとともに、卒業生の短期大学での学習成果に関するインタビュー調査を実施して、レディネスと学習成果の特性、およびその両者の関係を明らかにし、各専門分野の短大教育にとって必要となるカリキュラムや教育プログラムのスタンダード作成を試みる予定である。

2－2　スマートフォン時代の短大生像
──レディネス調査から見えてくるもの

スマートフォン（以下、スマホ）とは切っても切れない間柄になってしまった人は少なくないだろう。自宅や学校、街中、電車内など至るところで静かにスマホ画面と向き合う人々の光景は全くの日常風景と化してしまった。スマホ操作は直感的に指1本ないしは2本でなぞってポンとタップするだけで色々な

ことができる。取扱説明書を読まなくても指を使って操作するうちに使用法を体得できる仕様になっている。また、電話やメール、インターネットなどの情報通信・検索手段としての機能の他に、アプリを入れて使えばその数だけ仕事や生活、エンターテイメント、教育、地図上の位置情報、公共交通機関の乗り換えや時刻表などのように、あらゆる場面で幅広く簡単に利用できる利便性と多機能性を備える「携帯型総合情報端末」となる。ここに従来型携帯電話と大きく異なる点がある。青少年（初等・中等教育期の子ども）の間で従来型携帯電話の数を抜き、急激にスマホが普及したのが平成25年（2013）であった。この現象について藤川は「平成25年問題」と総称する（藤川 2016）。この年は、高校生のスマホの所有・利用率が急増して一気に81％に達した（内閣府 2017）。平成28年度のデータでは、高校生の約95％がスマホを所有または利用している状況である。

　私たちはここで、生まれた時からスマホに日々接してきたデジタルネイティブ世代が短期大学に将来入学してくることの意味を理解しなければならない。何を理解すべきなのかというと、スマホ時代におけるデジタルネイティブ世代がいったいどのような発達段階を経てきているのか、職業実践的要素も備えた短期高等教育課程での修学に向けて、彼らの学びのレディネスはどのような状態にあるのかを理解することは、今後の短期高等教育のあり方を考える上で非常に価値ある課題である。

◆スマートフォンと人間の発達

　かつてテレビが登場した時、子どもの学習時間やお手伝いの機会が減少し、学力や生活力が弱まるのではないかと問題視されたことがあった。2000年代に入ると従来型携帯電話の登場で子どもの長時間利用が問題視されるようになった。そして2010年代に急速に普及したスマホは、携帯型の情報端末の使用時間をさらに長くしている。藤川はスマートフォン時代の子どもたちの発達環境の特徴として、①利用時間が長くなっていること、②ネットいじめが多くなったこと、③ネット犯罪が増えていることの三つを指摘している（藤川 2016）。日

本医師会と日本小児科医会が作成したポスターには、「スマホの時間わたしは何を失うか」のタイトルで、睡眠時間、学力、脳機能、視力、コミュニケーション能力が落ちると警鐘を鳴らしている（日本医師会・日本小児科医会 2016）。これらの影響については、長期的視点に立つ実証研究がこれまでなされたことがないため、携帯電話会社をはじめ、各方面から反論が出たのも当然ではあったが、けれども納得できる点は多いにあるのも、否デジタルネイティブ世代からすれば感覚的に事実と言えよう。しかし問題は何も10代以下のデジタルネイティブ世代に限った話ではない。あらゆる世代で従来型携帯電話の使用以上に、長時間利用とスマホ依存が際立つようになったことである。

　「『ゆりかごから墓場まで』スマホ漬け」とは、某文庫本の帯に印字されたキャッチコピーである。まさしくそんな時代が到来している。スマホが市場に出始めた頃は営業やビジネスシーンにおいて男性ユーザーの間で主に使われていた。その後、仕事を持つ女性や学生の間で広まり、最近では高齢者も使うようになった。スマホ普及率の拡大は子育てのあり方にも異変をもたらした。主婦層の間でスマホ利用が増えると、母親が検索機能で育児相談をしたり、アプリを使って授乳時間管理や幼児のしつけをしたり、幼児をおとなしくさせるために自分のスマホで遊ばせ、手の空いた時間を使って家事を済ませたり、ママ友と息抜きをしたりするようになった（石川 2017）。スマホはこのような母親からすれば、安上がりな子どものおもちゃであり、ベビーシッターの代用なのである。つまりスマホは人間の初期の発達や人格形成に影響し得る場面で頻繁に使用されるようになったのである。

　スマホは幼い子どもに親和性が高いと言われている。生まれて間もない赤ちゃんは手のひらに置かれたものを反射的に握りしめる。次第に外界への興味・関心の高まりから、周囲の物体に自ら近寄り、握り、指で押し、つかみ、口の中に入れるといった行動が出てくる。こうして乳幼児期から周囲の様々な物体を目で捉え、手や口で大きさや重さ、質感、温感、においなどの確認作業を行いながら物体の特徴を把握する。さらに乳幼児にとって安心できる周囲の者が話しかけ、接触するなど、外からの刺激も感受性を養う上では重要になる。感

覚器を通じて聴覚、味覚、触覚、視覚、嗅覚の五感を研ぎ澄ませ、具体的で体験的な理解を通じて、身体と心が成長する（常石 2008）。体験の積み重ねと情報処理を繰り返しながら、より抽象度の高いものへの把握・認識・理解を促す応用力を養っていく。

　スマホの普及と利用状況が今日のような広範囲の規模になる以前から、科学技術の発達と社会や時代変化がもたらす人間の発達環境に及ぼす影響については数多く議論されてきた。谷田貝は人間の成長に関わる体験とは本来は直接体験が中心であるという。知識は大きく「法則的知識」（理屈でわかっている知識）と「体験的知識」（やってみて初めてわかる知識）があり、車の両輪のごとく発達するのが望ましいという。しかし、現代の子どもたちは学校での勉強、読書、テレビ視聴といった間接体験の時間が増え、体験的知識を促すような直接体験が著しく減っていると指摘する。なかでも箸使い、鉛筆の持ち方、ひも結び、雑巾絞り、ナイフで物を削るなどの生活技術は、手の使用で運動器官と感覚器官を発達させる。子どもの頃から生活体験の不足に陥ってそれら作業が不器用になっているということは、運動能力と感覚能力の両方の成長機会が奪われている可能性があると主張する（谷田貝 2010）。南里は生活・技術や情報・科学の進展によって生活・地域における「労働」（生産）と「遊び」が衰退し、社会の機能分化による商品経済の発展が生活の効率性・利便性だけでなく消費行動自体を規定し、他の人々との協同が無くとも不自由しないという意識を形成するに至ったと述べている（南里 2009）。その結果、大人たちが意識的に子どもに生活体験の機会を提供する必要が出てきていると警鐘を鳴らす。上野は生活体験自体が市場化する可能性を持っており、経済的格差による体験活動の差異を生み出しかねないと懸念する（上野 2001）。

　スマートフォン時代におけるデジタルネイティブ世代は、モバイル機器の登場によって直接体験の機会が激減しているのは明らかである。スマホ使用に多くの時間が費やされているからだ。科学技術の発展によって、指一本の操作だけで簡単に手軽に安くバーチャル体験が可能になっている。バーチャル体験は、感覚器官を使った直接体験とは似て非なるものである。こうして人間の発達環

境は社会変化の影響だけでなく、スマホの登場によって全く新たな変容をもたらしつつある現代的課題を理解し対応しなければならない。それが今、短期高等教育の現場の課題になっている。

◆短大生のレディネス調査
【レディネス調査の意義】

　職業・キャリア教育を担う高等教育領域において、小野らは、保育や介護・看護に必要な技術は自己の生活習慣を基盤に養われていくことから、入学初期の学生の生活習慣を把握することは短大生が技術を学ぶためのレディネスの状態を理解するために重要だと述べている（小野ほか 2003）。川田らは、看護教員を対象に行った面接調査などから、看護学生の実習中の問題行動を分析すると、生活体験の乏しさが生活技術不足を招き、さらに他者への配慮や思いやりの不足にもつながっている点を明らかにしている（川田ほか 2005）。しかし川田らは、聞き取り調査の対象となった看護教員自身の社会的背景、生活体験、価値観が看護学生のそれらとは異なっていることから、教員自身の生活体験などが看護学生の評価に影響を及ぼしている点は議論の限界であると付け加えている。高等教育においても、教員と学生の年代による発達環境の違いは教育現場や実習現場において意識すべき課題であることが示唆されている（川田ほか 2005）。浜端らは、初期看護学実習に関する研究報告の中で、「必要な知識や技術、そして態度を教授しようとするとき、いわゆる生活体験や社会参加の機会が少ない現在の学生にどのように臨場感を持たせ、関心を呼び起こしながら学習活動を展開するかは大きな課題である」と述べている（浜端ほか 2003）。「経験」が体験的知識を得る上で重要な学習資源である。生活・技術や情報・科学の進展によって子どもの発達環境は少しずつ変化してきており、世代ごとに大小様々な違いを生じさせている。特にスマホの登場は今後の動向を注視していく必要がある。そして、常に学生が短期高等教育機関で職業教育を受けるためのレディネスがどの程度備わっているか把握していく作業も必要である。レディネスの土台がどのように備わっているのかについて、短期大学に入学してく

る学生が身につけた生活習慣、生活技術、そして獲得した既得体験を理解することは必要不可欠であることは間違いない。

【レディネス調査の質問項目】

学生の短大入学までの様々な体験、積み重ねによる既得能力、生活の中で習慣化した姿勢や行動など、人間が社会生活を営む上で身につけておくべき生きる力とはどのようなものであり、それらがどの程度備わっているかについて調査するために、主に南里が調査で用いた質問項目を参考にした（南里1977、1997）。さらに、平成26年度に出版された小学校および中学校の社会科と理科の教科書（小学校第1学年および第2学年は「生活科」）を新たに見直し、より現代の実情にあった質問項目（参照：表2）の作成に努めた。

【調査方法】

体験的レディネスを定量化するに当たり、選択スケール4段階を用いた。体験や経験の頻度、回数、習慣化の度合いが最も高い場合は4を選択するように設定している。調査はIRネットワークシステムを利用して、インターネット上で実施した。九州北部のS短期大学にて、平成27年度と28年度の入学者を対象に生活体験調査と題してレディネス調査を実施した。また、S短期大学の卒業生40歳以上の23名に同じ質問用紙を配布し、短期大学に入学した頃を回想してもらい、アンケート調査の協力をお願いした。調査実施状況については表3にまとめている。スケール4段階選択では、数値の高いものほど頻度、自信、経験値の高さを表す。

表3　S短期大学におけるレディネス調査の実施状況

対象	27年度入学生（n=170）	28年度入学生（n=130）	40-60代卒業生（n=23）
実施期間	2015.10.15～12.31	2016.4.5～9.30	2016.10.1～10.31
回答率	90%	76%	―

（S短期大学「レディネス調査」）

第3章 「教育の質保証」の模索　139

表2　レディネス調査の質問項目の一覧

【スケール4段階選択（50問）】

（1）朝ごはんを食べる。
（2）洗濯物をたためる。
（3）魚を包丁でさばいたことがある。
（4）家族と1日20分以上は会話した。
（5）お年寄りの介護／看病をしたことがある。
（6）近所のお兄さんとお姉さんと皆で遊んだ。
（7）責任を持って何かを成し遂げた。
（8）本気でケンカし仲直りしたことがある。
（9）何でも相談できる友達がいる。
（10）針と糸を使って簡単な縫い物をしたことがある。
（11）家族に得意料理を教わった。
（12）はさみで切り絵をしたことがある。
（13）友達にありがとうとごめんなさいを言ってきた。
（14）近所の人と挨拶をしていた。
（15）中高生の時に遊びのなかで友達をおんぶしたことがある。
（16）洗濯機を使わないで衣類を洗ったことがある。
（17）バスや電車でお年寄りや妊婦さんへ席を譲る。
（18）絵本／童話の読み聞かせをしたことがある。
（19）先生に敬語を使って話していた。
（20）ホームルームなどで自分の意見を発言した。
（21）自筆の手紙を書いたことがある。
（22）国語の辞書をよくひいていた。
（23）図書館や本屋へ行った。
（24）新聞の記事を読んだ。
（25）ホールケーキを8等分できる。
（26）食料品や野菜の買い物に地域の商店へ行った。
（27）約束の時間を守ってきた。
（28）時刻表を使うことができる。
（29）道具なしで距離や長さを測ることができる。
（30）目分量で料理を作ることができる。
（31）田植えや花や野菜の栽培をしたことがある。
（32）自然のなか（海川など）で遊んだことがある。
（33）天体望遠鏡で星や月を見たことがある。
（34）草花を使って花かんむり草笛笹舟などを作ったことがある。
（35）昆虫を10日以上飼育したことがある。
（36）魚釣りや潮干狩りをしたことがある。
（37）きのこ狩りや山菜狩りをしたことがある。
（38）方位磁石なしで東西南北がわかる。
（39）人間の内臓の位置がわかる。
（40）薪を使って料理をした。
（41）のこぎりやナイフで工作をした。
（42）戦争や戦争前の話を聞いたことがある。
（43）博物館に行った。
（44）地元の名産品（特産品）を知っている。
（45）日頃からお年寄りと話すことがあった。
（46）親の仕事を知っている。
（47）ボランティア活動をしたことがある。
（48）お祭りや縁日に行ったことがある。
（49）困っている障がい者を手助けしたことがある。
（50）地図記号を使った地図を読むことができる。

【数量（時間数）（3問）】

（51）現在テレビを1日何時間見ますか？
（52）現在スマートフォンを1日何時間使用しますか？
（53）中学の時に学校・塾以外で友達と会う時間は1週間に何時間できましたか？

（S短期大学「レディネス調査」）

◆レディネス調査の結果から見えるもの

　まず、図16より近年の短大入学生たちと40代から60代までの卒業生たちの現在のテレビ視聴時間とスマホ使用時間の比較について見てみる。参考までに総務省「平成28年版情報通信白書」を見ると、平成27年（2015）における全世代での平日1日平均のテレビ（リアルタイム）視聴時間は174.3分（2.9時間）であり、10代の場合は全世代の中で最も短く95.8分（1.6時間）、20代では128.0分（2.1時間）、そして60代が257.6分（4.3時間）と高齢になるに従って視聴時間が長くなる。S短期大学入学時の学生の平均年齢は19歳未満になるが、総務省データ

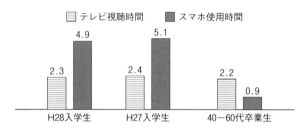

図16 年代別でみる1日当り平均のテレビ視聴時間とスマホ使用時間
（S短期大学「レディネス調査」）

よりはテレビ視聴時間が長めであった。

　内閣府の調査によると、青少年のインターネット利用目的は、人気の高い順に動画視聴、ゲーム、SNSなどコミュニケーション、情報検索、音楽視聴、ニュース、地図、ショッピング・オークション、電子書籍などである。高校生（878人）の利用状況を参考にすると、平日1日平均のスマホ利用時間は170.3分（2.8時間）となった（内閣府 2017）。この数字にはスマホ未使用者の0分も含まれる。別の調査を参考にすると、女子高校生は1日平均6.1時間もスマホを使用しているというデータがある（デジタルアーツ株式会社 2017）。S短期大学の学生のスマホ所有について平成27および28年度入学者のうち、回答があった学生のスマホ使用時間数の記入率は99％であり、ほぼ全員がスマホを所有していると判断できる。そしていずれの年度入学者も1日平均5時間前後をスマホ使用に費やしていた。1日平均5時間以上スマホを使用していると回答したのは約75％を占め、さらに1日平均8時間以上の使用者は約14％に達した。入学者の中には1日20時間という回答も少なくなく、日常的にスマホを手放すことのできない「スマホ依存」の傾向が疑われる実態が短期大学入学者の間に存在することが明らかになった。

◆年代間ギャップ

　図17にレディネス調査の質問項目50問について、平成27および28年度のS短期大学入学者とS短期大学の卒業生（40～60代）23名の回答傾向について一覧

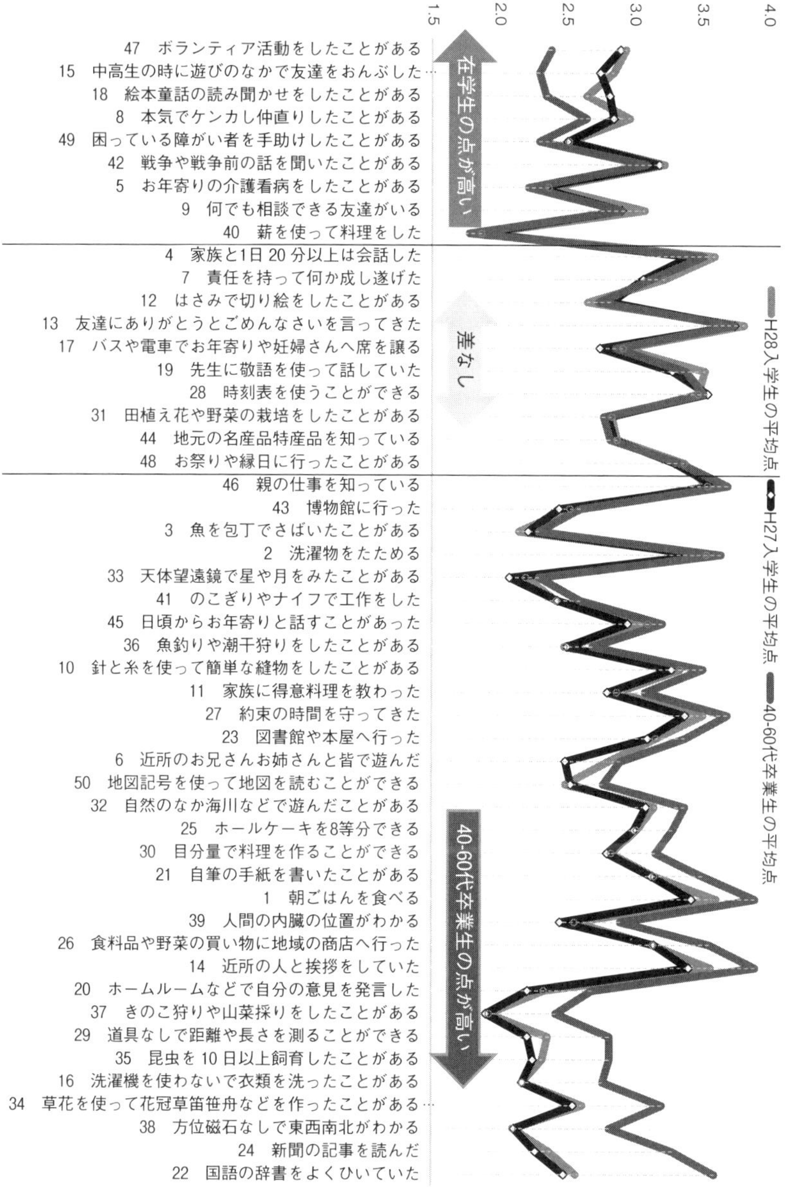

47　ボランティア活動をしたことがある
15　中高生の時に遊びのなかで友達をおんぶした
18　絵本童話の読み聞かせをしたことがある
8　本気でケンカし仲直りしたことがある
49　困っている障がい者を手助けしたことがある
42　戦争や戦争前の話を聞いたことがある
5　お年寄りの介護看病をしたことがある
9　何でも相談できる友達がいる
40　薪を使って料理をした
4　家族と1日20分以上は会話した
7　責任を持って何か成し遂げた
12　はさみで切り絵をしたことがある
13　友達にありがとうとごめんなさいを言ってきた
17　バスや電車でお年寄りや妊婦さんへ席を譲る
19　先生に敬語を使って話していた
28　時刻表を使うことができる
31　田植え花や野菜の栽培をしたことがある
44　地元の名産品特産品を知っている
48　お祭りや縁日に行ったことがある
46　親の仕事を知っている
43　博物館に行った
3　魚を包丁でさばいたことがある
2　洗濯物をたためる
33　天体望遠鏡で星や月をみたことがある
41　のこぎりやナイフで工作をした
45　日頃からお年寄りと話すことがあった
36　魚釣りや潮干狩りをしたことがある
10　針と糸を使って簡単な縫物をしたことがある
11　家族に得意料理を教わった
27　約束の時間を守ってきた
23　図書館や本屋へ行った
6　近所のお兄さんお姉さんと皆で遊んだ
50　地図記号を使って地図を読むことができる
32　自然のなか海川などで遊んだことがある
25　ホールケーキを8等分できる
30　目分量で料理を作ることができる
21　自筆の手紙を書いたことがある
1　朝ごはんを食べる
39　人間の内臓の位置がわかる
26　食料品や野菜の買い物に地域の商店へ行った
14　近所の人と挨拶をしていた
20　ホームルームなどで自分の意見を発言した
37　きのこ狩りや山菜採りをしたことがある
29　道具なしで距離や長さを測ることができる
35　昆虫を10日以上飼育したことがある
16　洗濯機を使わないで衣類を洗ったことがある
34　草花を使って花冠草笛笹舟などを作ったことがある…
38　方位磁石なしで東西南北がわかる
24　新聞の記事を読んだ
22　国語の辞書をよくひいていた

在学生の点が高い
差なし
40-60代卒業生の点が高い

H28入学生の平均点
H27入学生の平均点
40-60代卒業生の平均点

図17　レディネス調査50項目の世代間比較（S短期大学「レディネス調査」）

にまとめた。これらの世代を比較した時、平成27年度入学者と28年度入学者の間に大きな差は見られなかった。しかし40〜60代卒業生との比較を行った時に明らかな違いが見られた。最も大きな違いは、「(22) 国語の辞書をよくひいていた」、「(24) 新聞の記事を読んだ」の二つの質問項目の結果である。これらは学生時代にスマホがなかった40〜60代卒業生の回答「よくした」の割合が高く、結果として入学者の点数を上回った。また、手指を動かす体験や、料理を教わる体験、社会科的・理科的体験なども入学者は40〜60代卒業生の世代よりも幾分少ない印象を受ける。

　一方、入学者の値が高かったものとして、「(47) ボランティア体験をしたことがある」や障がい者への支援や高齢者介護などが挙げられた。また、世代間でギャップが見られなかったものとしては、家族とのコミュニケーション、責任感、先生への敬語使用などが挙がった。しかし、スマホ世代の言う「(28) 時刻表を使うことができる」については検討の余地がある。時刻表を使いこなすためには、複雑に入り組んだ路線の移動に必要な計画性、時間認識力、空間認識力、情報収集力、分析力、判断力などの総合的な力が必要である。おそらく、書店等で売られている時刻表ではなく、スマホのアプリやインターネット上のナビゲーション機能で利用できる時刻表のことを、入学者たちは考えたのかもしれない。

◆おわりに

　科学技術の進展によって生活の場、移動手段、仕事や労働の現場、コミュニケーションに至るまで、あらゆる場面で人間の労力を省略することが可能となった。携帯型総合情報端末スマートフォンの登場は、指を使ってデジタルな画面・音・感触だけで人間の欲求を満たすようになった。労力や頭脳を使わずとも疑似体験を通じて、欲しいものは手に入るようになった。果たしてこれで良いのだろうか。このままではデジタルネイティブ世代から、生活体験や直接体験などを通じて獲得できる技能や知力や生きる力を育む機会を奪ってしまうことにならないだろうか。高等教育でも向き合うべき課題なのである。

第3章 「教育の質保証」の模索 143

2－3 「当たり前の実践」からその先の一歩へ
——学生（1年次・卒業時）パネル調査から見えてきたもの

　筆者らが本項で述べる調査・研究を実施するまで、学生が短期大学でどのように成長していくのか、その成長の測定はどのように行えばよいのかを示す、同一対象を時系列に沿って継続的に追うような調査の開発はほとんどなされてこなかった。

　短期大学コンソーシアム九州（以下、JCCK）では筆者らを中心として、この課題を解決するため、①平成21年（2009）（1年次）、②平成23年（卒業時）、③平成25年（卒後1年次）と合計3ヶ年にわたる質問紙法による「在学生／卒業生調査」を実施し、その結果の分析から短期大学教育の現状把握と問題点の抽出作業を行った。本研究は、JCCKが紙ベースで行った最後の大規模アンケート調査であり、これが土台となって次のステップの共同教学IRネットワークシステムへとつながっていくこととなった。

　①の調査では48短期大学、②の調査では46短期大学の参加があったが、③の調査では14短期大学の参加にとどまった。そこで本項では、主に①②の調査から得られた知見を述べることにする。

　調査の概要は以下の通りである。

1）調査対象　平成21年4月に短期大学に入学した学生
2）調査時期　①1年次調査　平成21年9月～11月
　　　　　　　②卒業時調査　平成23年2月～3月
3）調査方法　①②ともに、対象短期大学毎に「質問紙調査」一斉実施・回収
　　調査対象の地域別の短期大学数と学生数を表4に示した。

表4　地域別短期大学数・学生数

	地域	北海道	東北	関東	東京	中部	大阪	関西	中四国	九州	計
①1年次	短大数	3	3	6	3	9	2	4	1	17	48
	学生数	347	433	1049	239	1133	383	570	313	3392	7859
②卒業時	短大数	3	3	5	3	9	2	3	1	17	46
	学生数	311	377	1015	216	1014	278	380	301	2878	6770

144　第2部　短期大学コンソーシアム九州の挑戦——西からの風——

◆入学前の学習経験

（高校時代の学習意欲は短期大学入学後にも影響を与えている！）

　筆者らは、まず高校時代の学習意欲が短期大学入学後の様々な学びにどの程度影響しているのかを見た。高校時代の学習意欲を示す指標として、「a：高校の勉強はおもしろかった」「b：高校の勉強は将来役に立つと思っていた」（5：非常にそう思った　1：全くそう思わなかった）「c：何のために勉強するのかわからなかった」（5：全くそう思わなかった　1：非常にそう思った）の3項目を用いた。そして、それらの5件評定の加算合計「3～8」を高校学習意欲の低位群、「9～11」を中位群、「12～15」を高位群とした。

　その結果、短期大学に入学してきた学生のうち、高校時代の学習の効用に否定的である低位群の学生は全体の2割以上を占めていることがわかった。（表5）

表5　高校学習意欲の低位・中位・高位群

	低位	中位	高位	計
N	1520	3117	2047	6684
%	22.7	46.6	30.6	100.0

　また、これら3群と高校時代の勉強時間の関係を表6に示した。全体では、約2割弱が全く勉強をしていないが、その割合は、低位群には約3割、中位群に約1.5割、高位群には約1割と、高校学習の効用に否定的な者ほど、授業以外の勉強を全くしなかった者の割合が高い。逆に、毎日1時間以上勉強する者の割合は、高位群が低位群の約2倍である。このことから、高校の学習内容への意欲が勉強時間に影響していたことがわかる。すなわち、短期大学の入学者の中には、高校の学びに対する親和性や達成感が低いために学びに対する基本的な構えや習慣が十分に形成されていない者が、全体の2割以上存在するということになるのである。

表6　高校学習意欲と勉強時間（週当たり）

	N	平均（h）	全くしなかった	0～6時間未満	6～11時間未満	11時間以上
全体	7759	4.0	19.6%	61.8%	9.9%	8.7%
低位	2107	2.9	32.3%	54.3%	7.4%	6.0%
中位	3760	3.9	16.5%	65.6%	9.7%	8.2%
高位	1892	5.2	11.7%	62.5%	13.2%	12.5%

表7　高校学習意欲と卒業時学習時間

	N	平均（h）	全くしなかった	0〜6時間未満	6〜11時間未満	11時間以上
全体	6335	3.7	18.3%	65.8%	10.6%	5.4%
低位	1434	3.3	24.5%	60.6%	10.2%	4.7%
中位	2969	3.5	18.0%	67.4%	9.9%	4.6%
高位	1932	4.2	14.0%	67.1%	11.8%	7.1%
大学生	48233	5.4	12.9%	56.2%	17.4%	13.7%

　高校時代の学習意欲と短期大学卒業時の学習時間との関係を表7に示した。これによれば、全体の8割以上が、授業外では全く勉強しない、あるいは週当たりの勉強時間が6時間未満である。そして、高校時代の学習意欲が低かった者（低位群）ほど、短期大学でも全く勉強をしない学生の割合が高い。すなわち、高校の学びに対する親和性は短期大学卒業時の学習時間にまで影響しているのである。

　また、これを高校時代の勉強時間（表6）と比較すると、全体の平均勉強時間は0.3時間減少しているが、高校時代の学習意欲低位群の勉強時間は0.4時間増え、全く勉強しない者の割合は約8％低下している。すなわち、高校時代に学習意欲が持てなかった者の中に、短期大学入学後にその意欲が高まった者が存在しているということになる。

　逆に中位群や高位群の勉強時間は高校時代よりも減少している。このことは、高校時代に学習に対する姿勢がある程度できている学生に対して、その学習意欲を保持、さらに喚起させることが、現行の短期大学の教育課程では十分にできていないことを示唆している。短大教育にとって、この中間・上位層の学生に対する学習支援の充実は、低位層をある水準まで引き上げる試みと並ぶ大きな課題である。

　参考までに、短大生の週当たりの平均勉強時間は、大学生[5]より1.7時間も少ない。1日1時間以上勉強している大学生は3割であるが、短大生は15%

5）「全国大学生調査」（2008）『全国大学生調査第一次報告書』東京大学大学院教育学研究科大学経営・政策研究センターより

146　第2部　短期大学コンソーシアム九州の挑戦──西からの風──

表8　高校学習意欲と短大学習への取り組み

	低位			中位			高位		
	1年次	卒業時	差	1年次	卒業時	差	1年次	卒業時	差
N	2094	1497		3737	3069		1883	2017	
a：授業に出席する	4.39	4.16	−0.23	4.60	4.31	−0.29	4.74	4.47	−0.27
d：ノートの取り方を工夫する	3.13	3.06	−0.07	3.44	3.33	−0.11	3.70	3.68	−0.02
e：授業での配布資料・プリントを整理する	3.63	3.38	−0.25	3.88	3.63	−0.25	4.13	3.94	−0.19
j：授業の課題をきちんと提出する	4.01	3.85	−0.16	4.23	4.02	−0.21	4.42	4.23	−0.19
l：試験前には勉強をする	3.86	3.69	−0.17	4.15	3.96	−0.19	4.36	4.16	−0.19
合計	19.02	18.14	−0.88	20.31	19.26	−1.05	21.35	20.48	−0.87
b：授業中、教員の質問に答えたり、意見を述べたりする	2.57	2.67	0.09	2.79	2.84	0.05	3.06	3.15	0.09
c：授業中以外に教員とコミュニケーションをとる	2.60	2.88	0.28	2.73	3.03	0.31	3.00	3.33	0.33
合計	5.17	5.55	0.37	5.52	5.88	0.36	6.06	6.48	0.42
f：教科書以外に参考文献などを読む	2.12	2.27	0.15	2.33	2.52	0.19	2.65	2.87	0.22
g：辞書・電子辞書を活用する	2.47	2.27	−0.20	2.80	2.59	−0.21	3.08	2.91	−0.17
h：図書館を利用する	2.52	2.70	0.18	2.74	2.89	0.15	3.02	3.23	0.22
i：インターネットを活用する	3.12	3.35	0.23	3.33	3.53	0.20	3.56	3.86	0.29
k：授業の予習・復習をする	2.24	2.28	0.04	2.55	2.57	0.02	2.83	2.94	0.11
合計	12.47	12.88	0.40	13.76	14.11	0.35	15.13	15.81	0.68

とその半数であり、勉強をしないと言われる日本の大学生の中でも短大生はさらに勉強していないと言える。

　高校時代の学習意欲と短大学習への取り組み（5：日常的にした　1：全くしなかった）との関係を表8に示した。

　全体的に短大生は、授業に関係する取り組み（a，d，e，j，l）はきちんとするが、そこで発言したり（b，c）、授業外に自分で主体的に学習する取り組み（f，g，h，i，k）には消極的である。

　高校時代学習意欲の高位群と低位群とでは、「授業の予習・復習をする」「辞書・電子辞書を活用する」「ノートの取り方を工夫する」「教科書以外に参考文献などを読む」で、卒業時に0.6以上の差がある。このことから、高校時代の学習意欲は、短期大学での2年間を通じた学習への取り組みにまで影響していると言えるのである。

◆在学中の学習時間（学習時間の長い学生ほど短期大学教育への満足度が高い！）

　短大教育に対する満足度（5：非常に満足　1：全く不満）と卒業時学習時間

との関係を表9に示した。

　全体的に見ると短大教育に対する満足度は、教育課程の項目では「専門的知識や技術を身につける授業」(3.84)「実践（職業）で役立つ実学性重視の授業」(3.73)、学生支援では「就職・進路支援の体制」(3.76)「就職や編入学など進路選択の励まし」(3.58) など、職業を意識した授業や支援に対する満足度が高い。しかし、「私語のない授業」に対する評価は、全項目唯一の2点台で、学生の不満の大きい項目である。また、「部活・サークル・イベントなど学生同士の交流の機会」に対する満足度も低い。

　教育課程や学生支援に対する満足度は、専攻分野や短期大学による差が大きいが、本項では、授業以外の学習時間による差異に着目した。すると、全ての項目で学習時間の長い者（週6時間以上）の方が、短大教育に対して高い満足度を示す者の割合が高かった（H群：5件評定で4か5を選択した者　N＝3085、L群：5件評定で1か2を選択した者　N＝1824、その他　N＝1426）。

表9　短期大学教育に対する満足度と卒業時学習時間

教育課程			全くしない	週6h未満	週6h以上
A：選択できる授業の多様性	3.61	H	48.5%	56.1%	58.2%
		L	14.1%	10.1%	9.1%
B：豊かな教養を身に付ける授業	3.64	H	46.3%	56.5%	59.6%
		L	11.5%	6.8%	8.3%
C：専門的知識や技術を身に付ける授業	3.84	H	57.2%	66.9%	69.1%
		L	9.0%	5.4%	5.4%
D：実践（職業）で役立つ実学性重視の授業	3.73	H	52.8%	60.1%	61.7%
		L	11.7%	7.3%	7.6%
E：学外体験（実習やインターンシップ）の機会	3.59	H	45.7%	53.2%	53.0%
		L	16.3%	12.0%	14.1%
F：わかりやすい授業	3.43	H	38.2%	44.6%	50.5%
		L	14.6%	10.9%	8.2%
G：授業方法に工夫がある授業	3.40	H	38.4%	42.2%	48.4%
		L	16.0%	11.5%	9.3%
H：参加意識が持てる授業	3.38	H	36.5%	41.2%	48.9%
		L	18.1%	12.2%	11.4%
I：私語のない授業	2.98	H	22.1%	23.4%	27.5%
		L	27.9%	25.4%	22.7%

			全くしない	週6h未満	週6h以上
j：科目履修に関する助言や指導	3.56	H	44.5%	52.1%	55.3%
		L	13.9%	8.0%	8.1%
k：就職や編入学など進路選択の励まし	3.58	H	47.7%	53.3%	54.4%
		L	15.9%	11.1%	12.3%
l：学習スキルを向上するための手助け	3.45	H	37.7%	44.1%	52.3%
		L	16.2%	10.5%	9.3%
m：教員の専門分野に触れる機会	3.50	H	41.1%	46.9%	54.4%
		L	14.6%	9.4%	8.5%
n：精神的なケアや励まし	3.30	H	35.0%	38.2%	42.2%
		L	22.7%	16.1%	16.6%
o：授業以外で教員と交流する機会	3.37	H	37.6%	41.1%	46.4%
		L	20.3%	15.1%	12.7%
P：就職・進路支援の体制	3.76	H	56.5%	63.3%	64.2%
		L	14.1%	8.8%	10.0%
Q：進路や悩みなどを気軽に相談できる体制	3.55	H	47.5%	51.9%	52.7%
		L	18.1%	13.8%	15.2%
R：部活・サークル・イベントなど学生同士の交流の機会	3.17	H	30.8%	34.9%	37.2%
		L	27.7%	21.7%	22.7%
S：図書館や情報設備	3.59	H	44.9%	52.8%	57.2%
		L	15.6%	9.4%	10.1%

148 第2部 短期大学コンソーシアム九州の挑戦——西からの風——

　つまり、短大時代に授業以外の学習時間が短かった者すなわち学習習慣のなかった者は、授業の内容、教員の対応や指導、学校の支援体制への満足度が低く、学習習慣のある者は、自己評価や達成感が高いと同時に、短大教育に対する満足度も高かった。

　満足度が低かった学生は、短期大学で提供される学習資源に対する満足度が低かったから学習の意欲が湧かなかったのか、あるいは学習意欲が低かったために短期大学の学習資源を否定する傾向があったのか、この結果からはそれを読み取ることはできない。けれども、この事実に対する短期大学としての対応は考えなければならない。短期大学の学習成果の向上には、何よりもまず、授業以外に全く勉強しない学生が減るような教育課程の編成と学習支援の実現が必要なのである。

　そして、それと同時に、意欲が高い学生に対しては、その能力を発揮する機会を今以上に提供して、短期大学での成長を実感させ、職場や進学先での活躍につなげる取り組みも課題となってくる。

　在学中に獲得した能力（アカデミックスキルとジェネリックスキル）に対する1年次と卒業時の自己評価（5：とても高まった　1：ひどく低下した）を専攻分野別に表10、表11に示した。

　学生たちのアカデミックスキルは、どの能力についても1年次よりも卒業時に高まったと自己評価している。なかでも「ひとつの問題を深く追求する態度」は、「人文教養」「社会」「家政」「教育」で評価が高まっている。

　ジェネリックスキルも、1年次よりも卒業時に全てについて高まったと自己評価している。特に「リーダーシップ」「自分に対する自信」は、他と比較すると高くはないが、1年次から卒業時への伸び率は高い。

　アカデミックスキルもジェネリックスキルも「教育」の伸び率が大きく、特に評価値4以上の項目は「教育」に限られていて、卒業時には「専門的な知識や技能」（4.21）「職業や進路選択への方向づけ」（4.11）「幅広い知識や教養」（4.05）「最後までやり抜く力」（4.13）「チームで仕事をする力」（4.08）「自分で考え行動する力」（4.00）がよく身についたと評価している。

表10 獲得した能力（アカデミックスキル）への評価（上段：1年次　下段：卒業時）

	N	a：学問に対する興味関心'	b：専門的な知識や技能'	c：幅広い知識や教養'	d：職業や進路選択への方向づけ'	e：ひとつの問題を深く探究する態度'	f：多様なものの見方を知って受け入れること'	g：社会の現実的な問題への関心'	合計
全体	6684	3.68 / 3.76	3.90 / 3.99	3.78 / 3.88	3.74 / 3.86	3.39 / 3.58	3.65 / 3.82	3.72 / 3.83	25.87 / 26.72
人文・教養	819	3.63 / 3.76	3.73 / 3.81	3.72 / 3.84	3.79 / 3.81	3.42 / 3.64	3.74 / 3.91	3.83 / 3.89	25.87 / 26.65
社会	319	3.56 / 3.74	3.87 / 3.95	3.77 / 3.80	3.73 / 3.80	3.35 / 3.58	3.63 / 3.75	3.70 / 3.79	25.60 / 26.40
保健	173	3.58 / 3.72	3.87 / 3.98	3.71 / 3.80	3.70 / 3.77	3.34 / 3.52	3.56 / 3.74	3.60 / 3.66	25.36 / 26.20
家政	1433	3.67 / 3.68	3.87 / 3.93	3.74 / 3.82	3.65 / 3.74	3.33 / 3.55	3.57 / 3.76	3.68 / 3.78	25.50 / 26.27
教育	2257	3.80 / 3.93	4.02 / 4.21	3.88 / 4.05	3.84 / 4.11	3.47 / 3.70	3.73 / 3.96	3.78 / 3.95	26.51 / 27.90
地域総合	1297	3.55 / 3.56	3.82 / 3.81	3.67 / 3.71	3.63 / 3.65	3.31 / 3.43	3.57 / 3.65	3.63 / 3.69	25.18 / 25.51
その他	386	3.71 / 3.69	3.88 / 3.95	3.77 / 3.83	3.73 / 3.79	3.42 / 3.50	3.66 / 3.73	3.70 / 3.80	25.87 / 26.29

表11 獲得した能力（ジェネリックスキル）への評価（上段：1年次　下段：卒業時）

	N	h：一般的な常識や礼儀・マナー'	i：人とのコミュニケーション能力'	j：チームで仕事をする力'	k：リーダーシップ'	l：自分で考え、行動する力'	m：最後までやり抜く力'	n：自分に対する自信'	合計
全体	6684	3.90 / 3.99	3.85 / 4.00	3.68 / 3.87	3.20 / 3.43	3.70 / 3.87	3.73 / 3.92	3.19 / 3.51	25.26 / 26.61
人文・教養	814	4.10 / 4.08	3.92 / 4.02	3.60 / 3.79	3.20 / 3.43	3.79 / 3.93	3.70 / 3.88	3.23 / 3.58	25.55 / 26.71
社会	319	3.82 / 3.89	3.87 / 3.92	3.60 / 3.77	3.13 / 3.34	3.65 / 3.77	3.66 / 3.88	3.17 / 3.44	24.89 / 26.01
保健	173	3.80 / 3.99	3.77 / 3.88	3.58 / 3.79	3.15 / 3.24	3.54 / 3.71	3.63 / 3.85	3.05 / 3.43	24.53 / 25.90
家政	1433	3.83 / 3.96	3.74 / 3.95	3.65 / 3.87	3.15 / 3.38	3.65 / 3.83	3.67 / 3.87	3.14 / 3.41	24.84 / 26.27
教育	2257	3.91 / 4.04	3.95 / 4.13	3.85 / 4.08	3.32 / 3.61	3.77 / 4.00	3.88 / 4.13	3.27 / 3.65	25.95 / 27.63
地域総合	1297	3.91 / 3.92	3.75 / 3.86	3.50 / 3.67	3.07 / 3.28	3.61 / 3.72	3.59 / 3.73	3.12 / 3.41	24.55 / 25.59
その他	386	3.83 / 3.94	3.83 / 3.93	3.55 / 3.70	3.18 / 3.31	3.71 / 3.86	3.72 / 3.80	3.16 / 3.41	24.98 / 25.94

150　第2部　短期大学コンソーシアム九州の挑戦——西からの風——

◆教員の学生に対するはたらきかけ

（教員の教育力が短期大学の評価を高める！）

　筆者らは、進路選択における仮定法「もし、あなたが今18歳で、もう一度高校卒業後の進路選択ができるとすれば、あなたはどうしますか」という可能性（5：とても可能性が高い　1：全く可能性がない）の質問に対する回答を「短期大学教育の総合評価」と捉えた。表12にこの短期大学の総合評価（同じ短期大学に行く可能性）と2年間を振り返っての評価項目の満足度（5：非常に満足　1：全く不満）との関係を示した。

　その関係を見ていくと、同じ短期大学に行く可能性が高いと答えたグループが全ての評価項目で満足度が他よりも高かった。中でも可能性の高いグループと低いグループとの間で差が大きかったのは、「良い先生との出会い」「将来に役立つ勉強」の項目であった。すなわち、短大在学中に「良い教員に出会い、将来の職業に役立つと思える勉強ができた」と実感できた者が短期大学への総合評価が高かったと言える。

　自由記述の中には、授業や学習面に関することの代表的なプラス意見として、「先生がとても熱心で、とても親切に教えてくれるので、授業がわかりやすい」「専門的な分野を学ぶことができる」「実習や実技などを多く経験することができ、就職する上で役に立つ」などが挙げられ、代表的なマイナス意見としては、「先生が注意をしないので、授業中の私語が目立って集中できない」「声が小さ

表12　短期大学の総合評価（同じ短期大学に行く）と2年間の振り返り満足度

a：同じ短大に行く（N＝6335）		教育課程						課外活動		学外生活	
		a：興味ある分野の勉強	b：将来の職業に役立つ勉強	c：人としての教養を深めること	d：良い先生との出会い	e：新しい友達との出会い	f：自由な雰囲気	g：ボランティア活動	h：サークル・クラブ・部活動等での活躍	i：アルバイト	j：趣味等の活動
	N										
可能性大	3085　4＆5	4.19	4.20	4.09	4.05	4.56	4.20	3.18	3.16	3.66	3.85
可能性中	1426　3	3.86	3.85	3.75	3.63	4.23	3.82	2.97	2.95	3.47	3.63
可能性小	1824　1＆2	3.62	3.60	3.56	3.33	4.10	3.63	2.78	2.79	3.52	3.62
差（大－小）		0.58	0.60	0.54	0.73	0.46	0.57	0.39	0.38	0.14	0.23

かったり、黒板の字が読みにくいため、授業がわかりにくい」「先生が時間を守らず、授業の開始時間や終了時間が遅れるのが困る」などが挙げられている。

また、教員そのものへの代表的なプラス評価として、「先生が生徒と関わる機会が多く、また、関わりやすい環境となっている」「友達のことについて色々あったけど、先生がきちんと対応してくれてすごく良かった」「先生方が編入の相談にのってくれたので、編入する勇気がでた」「就職支援にとても力を入れてくれている」などが挙げられ、代表的なマイナス意見としては、「生徒とのコミュニケーションをもっととって欲しいです」「先生が冷たい！」「先生によってはたまに見下した話し方をされているみたいで嫌です」「先生も上辺だけって感じの人が多い」などが挙げられている。

以上のことから、短期大学では専門的知識を身につけることができる授業や実習が必要とされており、授業に対して熱心に学生と関わろうとする教員の姿勢が高く評価されている。その反面、授業の準備不足や指導の方法に対して不満を抱いている学生もおり、優しさや親しみやすさだけではなく、授業中の厳しい対応も教員には求められている。

また、教員に対しては、優しくて話しやすく何でも相談に乗ってくれる教員、さらに、授業面のみならず、生活面全般、就職支援、編入など、あらゆる面でサポートをしてくれる教員の評価が高く、短大生は高校時代と同じような身近に感じられる教員を求めていることがわかる。逆に、学生とのコミュニケーションの少ない教員、学生を見下したり、不平等な態度を示す教員の評価は低く、短大生活に期待して入学してきた学生たちの内面をよく理解していない教員に対する彼らの目は厳しい。

◆まとめ

以上の知見から短大教育への改善の視点を以下にまとめた。これらは、われわれ短大教育関係者が経験的に肌で感じてきた当たり前のことに対する裏付けであり、そこからの展望である。

1）短期大学への円滑な移行を促進するための、高−短連携と導入教育の必要

性

　短期大学入学者の中には、高校での学びに対する親和性や達成感が低いために学びに対する基本的な構えや習慣が十分に形成されていない者が全体の2割以上存在する。それらの学生たちに対して新たな学びへの円滑な移行を促進するために、基礎学力の伸長と職業意識の育成を目的とした高－短連携と導入教育が必要である。具体的には、専門基礎知識や技能に関する入学前講習および課題提出を課す等、短期大学での新たな学びに対する期待や意欲を喚起するしかけである。

2）学習成果の向上を目指した教育課程の再編成と学習支援の実現

　高校時代の学習時間の多少は、短大在学中の学習課程や獲得能力に影響を与えている。さらに、短時間（1日1時間程度）であっても授業以外に勉強をする者と、全くしない者とでは、獲得能力・教育満足度に大きな差が見られる。したがって、短期大学の学習成果の向上には、まず学習意欲の低い学生が減るような教育課程の編成と学習支援の実現が必要である。それと同時に、意欲が高い学生に対してもその能力を発揮する機会をさらに提供して、在学中の成長を実感させ、職場や進学先での活躍につなげる取り組みも課題である。

3）授業内・授業外双方における教員の教育力の重要性

　短期大学の総合評価は「職業につながる教育」とそれを担当する「教員の教育力」に大きく影響されている。したがって、資格取得系の学科に限らず、全ての学科で、職業を意識した教育課程の編成とその実践への工夫が求められる。さらに、その授業での学びの密度や質を高めていくために、短期大学にとっての「良い教員」とは具体的にどのような教員なのか、その共通性を探り教育能力を高めていくような短大教員のための独自のFD開発が求められる。

　本稿は、安部恵美子（2012）『短期大学とステークホルダーに関する総合的研究　中間報告書』（科学研究費補助金基盤B，№21330195平成21～24年度）の一部に加筆修正したものである。

2－4　学生理解とデータの見える化
── IR データの短大教育改革への活用

◆見える化を目指して

　データは分析され、理解可能な形で提示されなければならない。認証評価（第三者評価）の第3評価期間（第3クール）を目前にして、様々な IR データが求められているものの、それらの数値は本当に短期大学の教育改革につながっているのだろうか。ここでは、短期大学コンソーシアム九州（以下、JCCK）で構築した共同教学 IR ネットワークシステムを使って得られたデータの見える化と、それを通じた学生理解の実例を提示する。

　具体的には、まず、学科・専攻・コース等の集団の傾向を把握する手法として、学修成果の到達度や学修行動、学生支援の満足度を見える化するグラフを紹介する。次に、個々の学生の個別の傾向を把握するために、入学時から卒業時までの学修成果の経年変化や休退学の兆候を見える化するグラフを紹介する。

◆方法

● 対象学生：JCCK 加盟の N 短期大学の生活創造学科（栄養、ビジネス、福祉）および幼児教育学科の学生（平成26年度入学生162名、28年度入学生170名）。

● 調査年度：平成26年度から28年度の学生調査（縦断的な追跡調査を含む）。

● 評価指標：学修成果の到達度、学修行動・学習時間、学生支援の満足度等に関する学生調査について、5段階で自己評価した点数の平均と割合、および当該短期大学の教務システムが管理する定期試験の GPA（成績評価点）。

● 作図の方法：市販のエクセルの操作テキスト『できる Excel グラフ　魅せる＆伝わる資料作成』（高橋 2016）に掲載してある例題を参照。

● 作図の種類：ヒストグラム、箱ひげ図、複合グラフ、レーダーチャート、ピラミッドグラフ、散布図、積み上げ横棒グラフ、補助縦棒付き円グラフ、二重ドーナツグラフ、パレート図、階段グラフ、ウォーターフォール、Z チャート、バブルチャートの計14種類。

◆「集団の傾向」の見える化（一斉支援のためのグラフの活用事例）
【学修成果の到達度の分布】

　一般的に学科・専攻・コース等の集団全体の学修成果の到達度を知る方法として平均値がよく使用される。しかし、平均値を使用する前にその集団の構成メンバーである学生の個々の分布を把握しておくことは非常に重要である。

　●ヒストグラム　　ヒストグラムは各階級の度数分布を棒柱で示したグラフである。図18はN短期大学の平成26年度入学生162名について、入学半年後の学修成果の5段階自己評価点を、図19は同学生の卒業時の同指標を示したもの

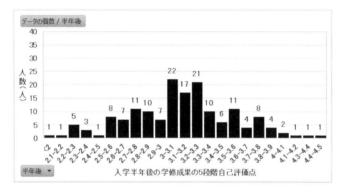

図18　入学半年後における学修成果の5段階自己評価点のヒストグラム（n = 162）

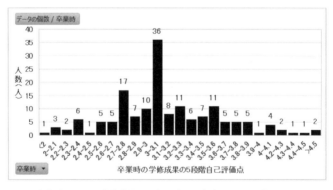

図19　卒業時における学修成果の5段階自己評価点のヒストグラム（n = 162）

である。図18の半年後より図19の卒業時の分布の方が中央に集中した傾向が伺える。

図20は図18の入学半年後の学修成果と図19の卒業時の学修成果について、二つの分布を比較したヒストグラムである。これはそれぞれの分布を階級別に比較するのには便利であるが、分布の全体像を詳細に比較するには不向きである。

● **箱ひげ図**　複数の度数分布を比較するには箱ひげ図が適している。図21は入学半年後と卒業時の学修成果の分布を比較した箱ひげ図である。箱の中の×印は平均値で、横棒は中央値、箱の下部は第1四分位（下から25％の位置）、

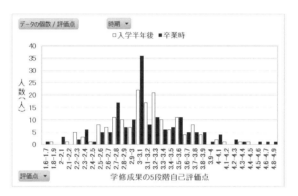

図20　入学半年後と卒業時における学修成果の5段階自己評価点のヒストグラム（n = 162）

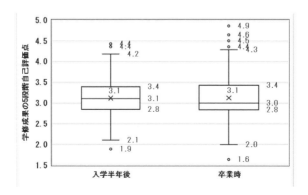

図21　入学半年後と卒業時における学修成果の5段階自己評価点の箱ひげ図（n = 162）

箱の上部は第3四分位（下から75％の位置）、下に伸びたひげの先端は最小値、上に伸びたひげの先端は最大値、○印が外れ値である。図21を見ると平均値は同じでも右側の卒業時の方が学修成果の上位者が若干増えていることがわかる。

【学修成果の到達度の経年変化】

● 複合グラフ　学修成果の到達度の5段階自己評価点について、入学半年後と卒業時の経年変化を表す方法に棒グラフと折れ線グラフを併記した複合グ

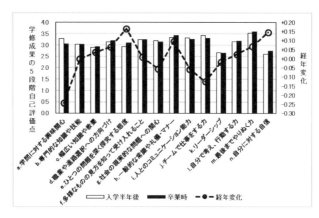

図22　入学半年後と卒業時の学修成果の複合グラフ（n = 162）

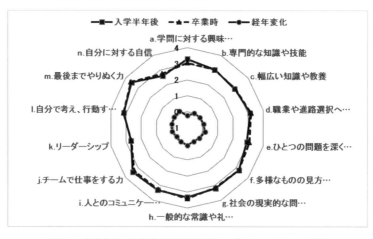

図23　入学半年後と卒業時の学修成果のレーダーチャート（n = 162）

ラフがある。図22は入学半年後と卒業時の学修成果の経年変化である。図22を見ると14項目の能力間で学修成果の経年変化に明確な差があることがわかる。

● **レーダーチャート**　複数の項目間のバランスを表すにはレーダーチャートが適している。図23は図22の能力の経年変化を同心円状に示したレーダーチャートである。14項目の能力の経年変化とバランスを把握することができる。

● **ピラミッドグラフ**　図24は同心円状のレーダーチャートを左右に展開した形状のピラミッドグラフで、左右の学修成果のバランスを容易に把握できる。

図24　入学半年後と卒業時の学修成果のピラミッドグラフ（n = 162)

【学修成果の到達度と他指標のリンク】

● **散布図**　学修成果の到達度の5段階自己評価点について、2種類の指標をリンクさせて個々のデータの分布を表す方法に散布図がある。図25は14項目の能力について、入学半年後と卒業時の経年変化の分布を示したものである。図25よりそれぞれの能力は、顕著に異なる傾向を示していることがわかる。

図26は入学半年後の学修成果の到達度と学生支援の満足度の分布を、図27は卒業時の同指標の分布を示している。入学半年後より卒業時の方が到達度も満足度も共に上位と下位の差が広がり、上位者が増加している傾向が伺える。

158　第2部　短期大学コンソーシアム九州の挑戦──西からの風──

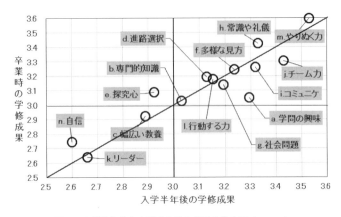

図25　入学半年後と卒業時の学修成果の散布図（n = 162）

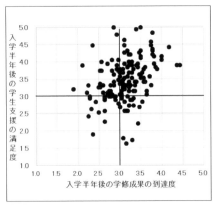

図26　入学半年後の学修成果と満足度（n = 162）　　図27　卒業時の学修成果と満足度（n = 162）

【学修行動と学修時間の内訳】

●積み上げ横棒グラフ　　学修行動と学修時間の自己評価点について、回答の内訳を粗点や割合で示すには積み上げ横棒グラフや100％積み上げ横棒グラフが適している。図28はＮ短期大学の平成27年度入学生170名について、定期試験のGPAのランク別に、予習・復習の取り組みの自己評価点を、図29は家庭学習の時間を示しており、それぞれの回答の内訳を明確に比較することができる。

第3章 「教育の質保証」の模索　159

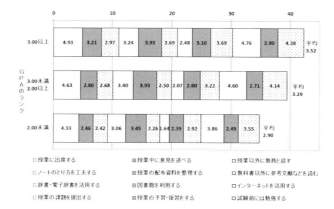

図28　予習・復習の取り組みの5段階自己評価点（n = 170）

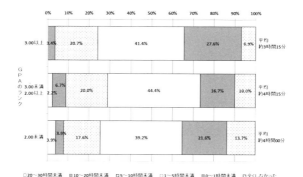

図29　授業以外の勉強や宿題に費やした1週間の学修時間（n = 170）

● 補助縦棒付き円グラフ

データの項目別の割合を示す方法に円グラフがあるが、補助縦棒付き円グラフを使うと、特定の項目の内訳を示すことができる。図30は学生支援の満足度を、

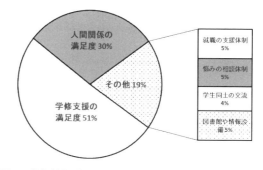

図30　学生支援の満足度の補助縦棒付き円グラフ（n = 170）

その他の項目の内訳も含めて示している。

●二重ドーナツグラフ
二重のドーナツグラフを使うと、全ての項目の内訳を示すことができる。図31は学生支援の満足度について、外周の3項目のドーナツ部分に対して、内周のドーナツ部分が内訳の割合を示している。

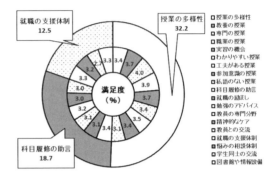

図31　学生支援の満足度の二重ドーナツグラフ（n = 170）

【満足度のランク付け】

●パレート図　　複数の質的データの中から重要な項目をランク付けして抽出する時にはパレート図を作成する。パレート図は、データを項目別に分類して大きさの順に並べた棒グラフと、その累積構成比を表す折れ線グラフを組み合わせた複合グラフである。一般的に、累積構成比80％までの項目をAランク、

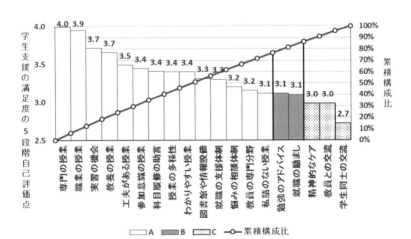

図32　学修支援の満足度のパレート図（n = 170）

90％までをBランク、100％までをCランクとするケースが多い。

図32は19項目の学生支援の満足度をパレート図にしたものである。左から14項目は満足度が高いAランク、次の2項目はBランク、残りの3項目は満足度が低いCランクとなる。したがって、今後はAランクの学生支援を継続して重視し、Cランクの学生支援を特に問題視して改善していく必要があると言える。

◆「個人の特徴」の見える化（個別支援のためのグラフの活用事例）
【時系列データの変動】

学修支援では、学生一人一人の能力や意欲に応じて適切な個別支援を行うことが非常に重要である。また、入学時から卒業時までの学修や生活を一貫してサポートする総合的学生支援策（エンロールメント・マネジメント）においても、個々の学生の状況を把握しておくことは必要不可欠である。ここでは、学生一人一人の学修成果を、時系列に沿って表示する方法について紹介する。

● **階段グラフ**　　折れ線グラフを階段状に表したものが階段グラフである。図33はダミーのデータを用いて、計10回の小テストの点数を示している。

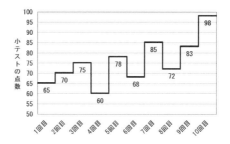

図33　小テストの成績順位の階段グラフ（データはダミー）

● **ウォーターフォール図**　　正負の数値の累計の課程を表したのがウォーターフォール図である。図34はダミーデータによる、小テストの変動である。

162　第2部　短期大学コンソーシアム九州の挑戦——西からの風——

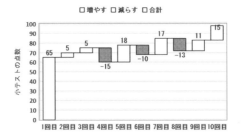

図34　小テストの点数のウォーターフォール図（データはダミー）

● Zチャート　　Zチャートは、時系列データ、データの累計、データの移動和の3種類の折れ線でZの形を作ったグラフで、長期的な変動を把握できる。図35はダミーデータのZチャートである。Zチャートの詳細は、『できるExcel グラフ　魅せる＆伝わる資料作成』（高橋 2016）を参照されたい。

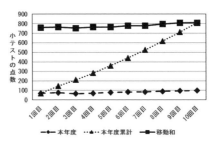

図35　小テストの点数のZチャート（データはダミー）

【休退学者の兆候把握】

● バブルチャート　　バブルチャートは3種類の指標をリンクさせて個々のデータの分布を表す方法である。図36は「1年次の定期試験のGPA」と「学修行動の積極性」および「学生支援の満足度」の分布を示している。学業成績や学修意欲、満足度が低い学生を把握し、早期に対応することができる。

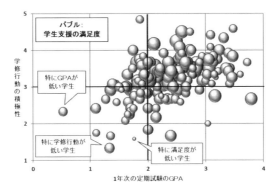

図36　定期試験のGPA、学修行動の積極性、学生支援の満足度のバブルチャート（n = 170）

◆見える化で学生理解と魅力表明

　以上のような手法で見える化したグラフは、学生の入学から卒業までの学修成果を理解し、在学中の学修行動や生活を一貫してサポートする総合的学生支援策（エンロールメント・マネジメント）にも有効に活用することができる。また、IRデータの要点を明確に学内外に表明する場合にも大変役に立つ。

　今後は、より一層の教育の質の保証と充実、改革と改善を目指して、授業改善や個別支援、ステークホルダーへの説明責任とアピール、認証評価の根拠資料として、これらのグラフに改良を加えつつ活用していきたい。

　IRデータの見える化は、短期大学の魅力表明に欠かすことのできない手法である。

第4章

共同教学 IR ネットワークシステムの
仕組みと活用法──第三者評価第3クールへ向けて

第1節　共同教学 IR ネットワークシステム

　平成30年度より第三者評価の第3クールが始まる。第3クールにおいては、第2クールで求められた内部質保証システムの構築の適切性から、内部質保証システムの有効性の検証へと舵が切られ、また合わせて、学修成果を適切に視野に入れた評価システムの実現が求められるようになる。すなわち、教育・研究その他大学・短期大学の諸活動全般について、それがどのような意図で導入され（インプット）、どのように実施され（プロセス）、そしてどのような結果や成果を導いているか（アウトカム：学修成果）について定期的に評価し、改善につなげていくことが求められることとなる。近年言われつづけてきた「教育の質保証」の各取り組みにおいて、いよいよ形だけでなく、本質的に機能していることが求められる状況となった。

　本章で紹介する共同教学 IR ネットワークシステム（以下、共同教学 IR システム）はこの第三者評価第3クールに役立つ基盤システムである。共同教学 IR システムは平成24年度から、大学間連携共同教育推進事業（以下、連携 GP）に参加する7短期大学の教職員と共に知恵を出し合い、短期大学のための共通の質保証基盤のあるべき姿を求め、5年かけて開発を重ねてきた。本システムは多くの短期大学で採用しやすいよう、大きな初期投資（サーバ購入・設定）なしに、年間のシステム維持費用を負担するのみで利用できるクラウドシステムとして整備を行っている。また、クラウドシステムとしたことで、いつ導入を行った短大においても、継続的に実施するバージョンアップが適用され、常

に最新の機能を利用できる仕組みとなった。

第4章においては、連携GPに参加する7短期大学で実際に活用しながら改善を重ねてきた共同教学IRシステムを取り上げる。共同教学IRシステムが、何を実現するために、どのような機能を盛り込んできたのか、短期大学のための共通の質保証基盤としてのポテンシャルを紹介する。

第2節　共同教学IRネットワークシステムの全体像

◆概要：機能構成

共同教学IRシステムは、短期大学のための共通の質保証基盤となることを目指し、整備を進めてきたものであり、大きく「学修成果の適切な査定を手間をかけずに行うための仕組み」と、「学生の成長を支え、学修成果をより高めるための仕組み」からなっている。システムの概要と目的は表1の通りである。

表1　共同教学IRネットワークシステム

実現に取り組んだ仕組		概要	目的
学修成果の適切な査定を手間をかけずに行うための仕組み			
学生調査システム	Web共通アンケート	Webを活用し、複数短期大学で、学生（卒業生）調査を実施するための仕組み。	調査、集計の手間を減らし、改善のための労力を確保する。これにより、複数短期大学の調査結果を比較して、自短期大学の状況を把握しやすくする。
	アンケート集計・分析	調査結果を自動で、集計し、簡易分析まで行うための仕組み。	
学生の成長を支え、学修成果をより高めるための仕組み			
夢・目標設定セルフチェック		自分の夢・目標と短期大学での学びの関係性を整理し、定期的に振り返る仕組み。学ぶ意味を考えることで、与えられた学習から自ら獲得する学修への脱皮を促す。	
学修ポートフォリオ		自身のカリキュラムを俯瞰し、どの科目をどんな成績で取得したか、いつでも確認できる仕組み。	①教職員が学生一人一人に合わせた適切なアドバイスを実施しやすい情報提供。②学生自身が、自らの状況を確認し、主体的に学修計画を立てやすくなる情報提供。
学生サポートメモ		学生の個別指導履歴を、教職員が登録・閲覧（共有）する仕組み。	教職員間で指導履歴を共有することで、より適切な個別指導を実現する。

◆パソコンからでもスマートフォンからでも利用できる

　各機能は、導入を行った短期大学のパソコン整備状況や、学生の情報リテラシー水準に左右されずに活用が進められるよう、スマートフォンでの利用に適したシステムとしている。また、教職員はパソコンからの利用が主になることを想定し、スマートフォンからのみでなく、パソコンでも利用しやすい画面にしている。学生がログインした直後のポータル画面は次の通りである。

■パソコン画面

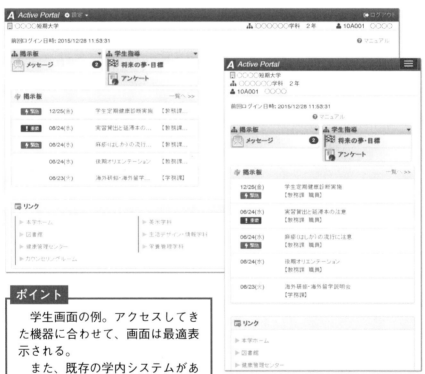

ポイント

　学生画面の例。アクセスしてきた機器に合わせて、画面は最適表示される。
　また、既存の学内システムがあれば認証連携を行い、ポータル画面へメニュー追加して、シームレスに活用できる仕組みとなっている。

第4章　共同教学IRネットワークシステムの仕組みと活用法　167

◆管理者の手間を極力減らす工夫

　運用の手間を極力減らすため、管理者は学生・教職員のパスワード管理をする必要がない仕組みとしている。パスワードの再発行はもちろん、初回ログイン用パスワードの発行も、学生自身が自ら行えるようになっているため、新入生用にパスワードを発行し、個別に配布する必要もない。

■ログイン画面

　パスワード再発行は、システムに事前登録しているメールアドレスを利用して行う。メールアドレスは、学校から配布しているメールアドレスだけでなく、学生が普段利用しているメールアドレスも学生自身が登録して、利用できる仕組みとしている。

　学生が自分でメールアドレスを登録できるようにすることで、卒業後もしば

ポイント
① 管理者はパスワード管理をする必要がない
② 学生は自分の普段使うメールアドレスを登録できる
③ 登録されたメールアドレスは卒業生調査に利用することを想定

168 第2部 短期大学コンソーシアム九州の挑戦——西からの風——

らくは利用する可能性の高いメールアドレスを把握し、卒業生調査に利用することを想定している。

第3節　学生調査システム

◆学生調査システムの概要

　学内における調査ニーズは短期大学ごとに異なるが、主なものを挙げるだけでも、授業アンケートに始まり、入学時調査、卒業時調査、卒業生調査、コース希望調査、全学生を対象とした学生実態調査など、様々に存在している。本事業では、短期大学間のカリキュラムを直接比較するのではなく、学生に与えるカリキュラムの効果を比較するアプローチをとるため、様々に存在する調査の中から、在学生調査、卒業時調査、卒業生調査の三つを共通調査の対象としている。

　整備した学生調査システムは、共通調査に利用できるだけではなく、各短期大学における独自調査にも利用できる仕組みになっている。

　調査票は独自調査、共通調査に限らず、自由に作成でき、調査を行えば、リアルタイムで結果が集計される。これにより、これまでの調査で大きな手間がかかっていた、調査票の作成→配布→回収→結果のデータ化→単純集計までの手間を大きく低減させ、調査結果の分析→改善プランの策定→改善プランの実行に、労力を割けるようになった。

　これらの整備を進める過程で最初に問題になったのは、共通調査の結果を、「誰にどこまで共有するか」である。リアルタイムに結果を集計・共有したい一方で、個人情報や個別短期大学の集計結果が他の短期大学から見られてしまうのは問題である。また、共通調査に参加表明をしている学校には、調査票を自動で配信するようにしたい一方で、共通調査事務局（学外者）から勝手に学生に対して調査が行える仕組みとするのは不都合が多い。これらの問題について意見交換を重ねた結果、次の六つの基本ルールに基づき、システムを実現している（図1参照）。

1．共通調査に参加表明すると、共通調査事務局より、各短期大学の担当者に共通調査票が配信される。
2．各短期大学の担当者は、配信された共通調査票に対して調査対象者及び調査開始日を設定することで調査を行える。
3．調査結果はリアルタイムで集計され、共通調査参加校では、自短期大学の集計結果と、調査参加校全体の平均値を参照することができる。
4．共通調査が終了すると自短期大学の学生個別の回答データを、個人情報を含めて取得することができる。
5．個人情報については、学外に絶対漏れてはいけない。
6．独自調査については、独自調査を行っていること自体が他の短期大学からは全く分からない仕組みとする。

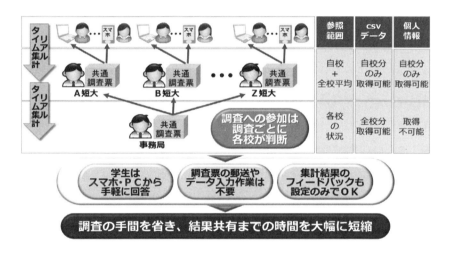

図1　共通調査の動作概要

　以上が、学生調査システムの概要である。学生調査システムはこれまでに指摘事項の件数は300件を超え、実際に改善を行った項目だけでも120件を超える。以下においては、これらの改善活動の中から次の三つの切り口で、事例をいくつかご紹介したい。

170 第2部 短期大学コンソーシアム九州の挑戦——西からの風——

1．授業アンケート対応を行うために重ねた工夫
2．調査結果の簡易分析機能のポイント
3．機能上の工夫ポイント（便利機能）

◆授業アンケート対応を行うために重ねた工夫

　本システムは、短期大学の共通の質保証基盤を目指すものであるため、共通調査だけではなく、学内の独自調査においても活用できる仕組みとすることを目指した。学内の独自調査として、ほとんど全ての学校で行っている調査と言えば、授業アンケートである。この授業アンケートでも利用できる仕組みになれば、短期大学の共通の質保証基盤としての役割も明確になり、また、教職員・学生を問わず学内でのシステム認知度の向上にもつながり、システム運用の定着に資することが予想される。さらに、いずれの短期大学においても授業アンケートに対して、毎年ある程度の支出をしており、その支出を削減できるシステムであれば普及に弾みがつくことも予想された。これらの状況から、授業アンケートとしても便利に利用できる機能整備を、段階的に進めてきた。

　開発当初に、一般のアンケートシステムに無い機能として想定したのは、大きく次の二つであった。

1．授業別にアンケートを配信すると手間がかかるので、一つの調査票に対して、アンケート対象の授業を複数指定して配信する方式とする。
2．アンケートの集計結果は、全ての授業アンケートの平均と、特定授業の結果を比較できるものとする。

　これらの想定には、特に問題なく対応を行うことはできたが、実際の利用をスタートすると、次から次へと問題が起こり、授業アンケートとして一般に普及する仕組みがない理由が明らかになってきた。主なものを、五つだけご紹介する。

【対象科目を指定するのが難しい問題への対処】

　調査票に対して複数の授業を指定できるようにするため、次のように年度、学期などを指定した上で、対象科目を指定する方法と、対象外科目を指定する

方法の2通りを準備していた。

　システム設計の段階ではかなり高い評価をいただいていたが、実際に利用してみると、次のような声をたくさんいただいた。

- a．科目数が非常に多く対象外科目を指定するだけでもかなりの作業になり、画面上で操作するにはミスが発生する。
- b．教務システムと連携する科目情報は膨大であり、除外科目を指定するのは不安である。対象科目を直接指定し、指定した科目を一覧で確認したい。

　これに対応するため、「授業アンケート対象科目リスト」の情報を、csv ファイルでアップロードすることにより、授業アンケート対象科目を一括指定する機能を追加することとなった。

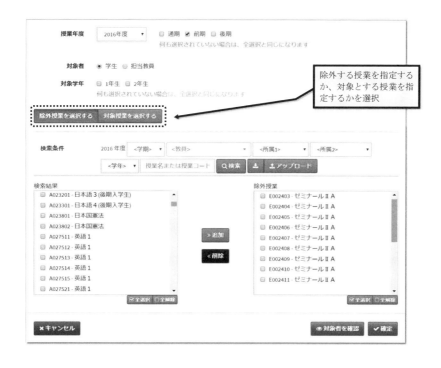

【実習系と講義系で設問と実施時期が異なることがある問題への対処】

　学校によっては、実習系の授業と、講義系の授業でアンケート項目が一部異なる学校がある。これ自体は、調査票を分けて作成し、それぞれの調査票へ対象科目を指定すれば、問題なく調査を行える仕組みとしており、問題は出ないと考えていた。しかし、実際に利用してみると二つの問題のあることがわかった。

　一つ目は、「実習系も講義系も結果をまとめて参照したい」という声である。実習系と講義系の授業アンケートは、設問の８割以上が共通設問になっており、結果分析は合わせて行いたいというニーズが高かった。調査システムは調査結果をリアルタイム集計し、集計対象は配信を行ったアンケート毎に行うことが前提になっている。そのため、実習系と講義系を別の授業アンケートとして配信すると「全体の平均値」が実習系と講義系で分かれてしまい、科目全体の平均を見ることができない。対処としては、当初、設問の分岐機能を利用し、「実習系の授業の場合は設問○番へ、講義系科目の場合は設問○番へ……」とすることを検討したが、検討の過程で、二つ目の問題が出てきた。

　それは、「実習系と講義系で調査時期が大きく異なり、回答締め切りを設けるためにアンケートは個別に作成したい」という声である。実習系の授業は２ヶ月以下の期間に集中して実施するパターンも多く、前期であれば６月上旬には講義が終了して授業アンケートを取るべき時期が来る。一方でその他の科目は、７月下旬に授業アンケートを実施する時期が来る。これらを一つのアンケートとして配信しようとすると、調査期間が６月上旬から８月上旬となり、入力締切の指導を行うにも期間が間延びしてしまうということが二つ目の問題であった。

　これらの二つの問題に対処するため、整備を行ったのは調査結果の統合機能である。これは、任意の時期に、任意の設問により実施した調査の結果を、集計の時には統合できるというものである。考え方としては難しくないが、実際に実現するのは難しい問題であった。例えば、「任意に作成された設問同士を統合する際に、いったいどの設問は統合をしてよく、どの設問は統合をしては

ダメなのか」、「統合しない場合の集計の並び順はどのようにするか」、「設問の文言が一部異なっていても統合が必要な場合も想定されるため、文言の異なる設問を統合対象としてどのようにシステムに認識させるか」、「今後の普及を見据え、どう実現すると説明書を読まなくても理解可能な操作となるか」などが焦点となった。検討の結果、次の二つを軸に検討を行い、右図のような画面で統合機能を実現した。

　a．実際の利用シーンから考え時々しか使わない機能であるため、直観的にわかる操作であること
　b．統合していい設問と、統合してはいけない設問をシステムがある程度判断できるようにすること

【再履修科目を教務システム上で別管理していることがある問題への対処】

　授業アンケートとしての利用が進むと、再履修科目の取り扱いが問題になる学校が出てきた。1年生の時に落とした科目を、2年生が再履修する際に、教務システム上で1年生の受講する科目のコードと、2年生の受講する科目のコードを異なるコードで管理しているパターンである。調査システムは、単独のシステムとして運用できるよう必要なマスターデータを手作業で取り込む機能がある一方、教務システムと自動データ連携し、メンテナンスフリーで運用できる機能も整備している。問題になったのは、この後者、教務システムと自動でデータ連携をして運用しているパターンの時である。

　再履修科目のコードを1年生が受講する科目のコードとは異なる科目コードで管理している場合、1年生科目の履修者は非常に数が多い一方で、2年生科目の履修者は少なく、中には1名のみということもある。授業アンケートの結果は、リアルタイムの集計結果が教員に公開されるため、回答内容を教員が参照した際、履修者数の少ない授業においては匿名であっても、誰が回答しているかがわかってしまうことがあるという問題が起きた。

　この問題に対処するために整備したのは、科目統合機能である。これは、一

年度	学期	コード	名称	担当教員	集約先授業	
2016	前期	A001101	スポーツ実践・応用Ⅰ	(19990319) 中村光博		編集
2016	前期	A001301	スポーツ実践・基礎Ⅰ	(19990319) 中村光博		編集
2016	前期	A010801	健康の科学	(19810088) 郡上正	スポーツ実践・基礎Ⅰ	編集
2016	前期	A010802	健康の科学	(19810088) 郡上正	スポーツ実践・基礎Ⅰ	編集

集約の必要な授業には、集約先授業を簡単に指定することができる。

第 4 章　共同教学 IR ネットワークシステムの仕組みと活用法　175

つの教室で行っている授業については、アンケート配信前に設定を行っておけば、教務システム上で別の科目として取り扱っていても、一つの科目に集約して集計・分析できる機能である。この機能の整備により、授業アンケートの配信を行えば、あとは集計結果を教員に公開するところまで自動化できることになり、担当者の手間が大幅に改善されることにつながっている。

【授業アンケート結果の公開範囲への対処①：設問単位での設定】

　アンケート結果はリアルタイムで集計され、結果参照することができる。授業アンケートの場合、当初、教員は自分の担当科目のみ参照できるよう制御を行っていたが、利用が進むにつれ、全ての授業アンケートの結果を全ての教員に公開したいという声が出てきた。これが、全ての項目を公開するのであれば、それほど実現は難しくないが、自由記述欄は学生がどのようなことを記載するか予想がつかず、人権に関わるような個人攻撃を含む記載を行う可能性もあるため、担当外科目については自由記述欄のみ非公開にしたいと言う声であった。話が少々複雑であるため、実現したニーズを表2「授業アンケートに関する教員の参照範囲」に整理する。

表 2　授業アンケートに関する教員の参照範囲

	担当科目	担当外科目
自由記述欄以外	○	○
自由記述欄	○	×

　この声に対応を行うために、公開設定機能を追加し、職員、教員（担当科目）、教員（担当科目以外）、学生、外部という集計結果を参照する立場別に、設問単位で公開する、しないを設定できる機能を実現した。

　センシティブな情報を除き、簡単に授業アンケート結果を全ての教員で共有できるようになったことで、授業を学生ニーズに応えたものにしようとする誘因の一つとして、授業アンケート結果を活用し易くなっている。

【授業アンケート結果の公開範囲への対処②：グループの設定】

　さらに利用が進む中で出たのは、授業アンケートに関しては、学長や学科長

などの責任者には、自由記述を含め、全てのアンケート結果を参照していただけるようにしたいという要望であった。本ニーズに対応するため、当初は、学長や学科長には職員権限を設定することで対処していただいていたが、職員権限を設定すると、全ての学科の全科目が参照可能となる。そのため、次第に学科長の参照可能な科目範囲が問題となり、対処を行うこととなった。

　具体的な対処としては、自由に権限グループを追加し、権限グループごとに参照できる範囲を設定できるようにする方針としたが、問題となったのは、複数の権限グループに属して、異なる参照権限が設定された場合の対応である。特に、権限を制限したいとのニーズへの対処が問題となった。例えば、次の表3のような設定の場合である。

表3　参照グループ設定の難しいパターン

	教員A	職員A
基本の役割	見られない	見られる
IR委員会の委員	見られる	見られる
学科長	見られる	―
実現したい事	見せたい	見せたくない

　本ニーズに対処するため、参照権限を単純に追加できるだけでなく、参照権限を取り消すグループも設定できる仕組みとして実現した（上記例の場合、職員Aの参照権限をなくすために、参照権限を取り消すためのグループを追加し、職員Aを当該グループに登録する）。

◆調査結果の簡易分析機能のポイント

　ここまで授業アンケートの活用の広がりに合わせて、どのような工夫を重ねてきたかを紹介してきたが、次に、授業アンケートを含め、通常のアンケートにおいても要望の多かった簡易分析機能のポイントを紹介する。

　簡易分析機能はその名の通り、「簡易な分析」を目的とした機能で、詳細なクロス集計、相関分析や回帰分析などは、短期大学ごとに使い慣れた分析ツー

ルを活用して分析することを前提としている。使い慣れた分析ツールは短期大学ごとに異なり、多いのは Excel と SPSS であったため、調査システムからは Excel、SPSS それぞれで利用しやすい形式でデータを出力できる仕組みとしている。

詳細な分析は、入試、教務、就職などの適切な情報と合わせて実施する必要があるが、一つのアンケート結果内においてもある程度、分析をできた方が、データ活用が促進されることが期待されることから、大きく四つの分析機能を実現している。以下、順に各簡易分析機能の紹介を行う。

【設問別ピボットグラフ】

どの学年、学科、コースの学生が、どのような回答傾向を持っているかを設問ごとに簡単に確認できるピボットグラフ機能を実現している。本機能を実現したところ、成績層別の回答傾向についても簡易に分析したいとの要望がでてきたため、これにも対応を行っている。成績層別の分析は特に、授業アンケートなどにおいて、成績層別の理解度を把握することに利用されることが増えている。

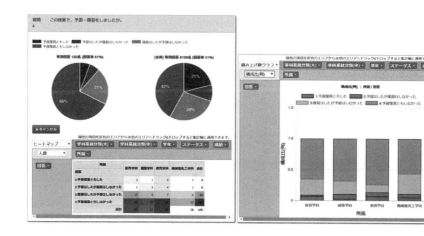

【相関分析】

各設問間の相関を簡単に確認するための機能を実現している。アンケートを

指定し、相関分析を行うと、アンケートの各設問間の相関を総当たりで分析し、相関度の高い設問から順番に表示してくれる（図2参照）。

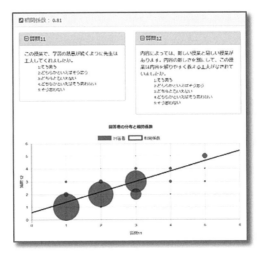

図2　相関分析結果

【傾向分析】

　各設問の選択項目別に、異なる設問で通常よりも選択傾向の高い項目を抽出する機能を実現している。これにより、「問1で2と回答した人は、問5で5を選んでいる傾向が強い」などの回答傾向把握を簡易に行うことができるようになっている（図3参照）。

図3　傾向分析結果

【設問グループ別レーダーチャート】

　学科別の回答傾向などを比較できるよう、「学生の私生活に関すること」、「授業に関する満足度」など、いくつかの設問グループ別、学科別にレーダーチャートを表示する機能を実現している。本機能は、設問を作成した時点で管理者が設定を行えば、結果参照の際に特別な操作は必要ないため、教員に自学科の強み弱みを把握してもらうために活用が進んでいる（図4参照）。

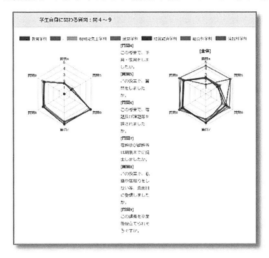

図4　レーダーチャート

◆機能上の工夫ポイント（便利機能）

　各短期大学においてIRの取り組みが促進され、数字に基づく適切な合意形成が促進されるよう、これまでご紹介してきた以外にも様々な工夫を積み重ねてきた。その中から、実際に高い評価を受けている機能を、三つご紹介する。

1．学生への調査結果フィードバック機能

　　調査に参加することで、学生にも何か面白みがないと、学生は調査に協力しなくなる。どの学校においても起こっている本現象に対処するため、学生がアンケートに回答をすると、学生は他の学生が同じ質問にどのように回答しているか確認できる機能を整備している。もちろん、学生が結果を参照で

きるのは、アンケート作成時に結果公開を許可した設問のみである。

　学生は、自分が回答するまで他の学生の結果は確認できず、結果を確認した後には、自分の回答を修正することができなくなるよう制御も行っている。

2．外部公開機能

　調査結果は設定を行うことで、学外に対する外部公開ページに手間なく公開できる仕組みとしている。外部公開ページは、調査システムの中に自動で作成され、外部公開ページへのリンクを学校のウェブページ上に公開しておけば、調査の集計から公開までが自動化できる。もちろん、公開する範囲は設問ごとに設定を行うことができ、アンケート調査後に公開を行うことも、公開を緊急停止することも可能である。

3．督促機能

　調査をWeb化すると回答率が落ちるというのは、一般論としてよく言われる話である。回答率低下の原因は、Web化そのものというより、運用上の問題によるものが多い。Web化しても、紙で実施する調査同様に、教員が教室で学生に入力する時間を与え、指導をしている学校では回答率がコンスタントに80％を超えることがわかっている。

　一方で、教員からの指導がうまくいかない学校も多くあるため、学生調査システムには、未回答の学生に回答を促すための仕組みとして、督促機能を整備している。本機能は、調査票ごとに利用でき、ボタン一つで当該調査に未回答の学生のみに回答を行うよう案内メールを配信することができる。

第4節　学修支援システムの仕組みと活用法

　これまで学生調査システムの紹介を中心に行ってきたが、共同教学IRシステムには、学修支援システムの整備も進めてきた。共同教学IRシステムに学修支援の仕組みを含めたのは、単に学生状況を調べるだけでなく、小規模短期大学においても導入可能な学生の成長を支え学修成果をより高めるための最低限の共通の仕組みを整備することで、短期大学共通の質保証基盤となることを

目指しているためである。

　学修支援システムにおいても、学生調査システム同様、様々な工夫を重ねてきているが、全てをご紹介すると紙面が足りないため、どのようなコンセプトの機能が整備されているか、ポイントのみ簡単に紹介したい。

◆学修ポートフォリオ

　学生が自身のカリキュラムを俯瞰し、どの科目をどんな成績で取得し、卒業までに後、何をする必要があるのか、いつでも確認できる仕組みとして学修ポートフォリオの整備を行っている。学修ポートフォリオは次の二つの方針に基づき整備を行っている。

1．教職員が学生一人一人に合わせた適切なアドバイスを実施しやすい情報を
　　提供するものであること
2．学生自身が、自らの状況を確認し、主体的に学修計画を立てやすくなる情
　　報を提供するものであること

　ポートフォリオとして参照できる情報は表4の通りである。学修ポートフォリオの特徴的な機能を一つだけ挙げるとすると、「休みがち学生検索」という

表4　学修ポートフォリオで参照できる情報

参照できる情報	概要
授業科目の履修状況	成績一覧表。科目群ごとに、どの科目をどのような成績で取得しているかを確認できる。
卒業要件の達成度	卒業要件の充足状況を確認する機能。卒業要件ごとに、必修科目、選択必修科目、選択科目の一覧と単位修得状況を確認できる。
教職科目の履修状況	保育士や幼稚園教諭の必要科目の内、何が取得できており、何が不足しているのかを、成績と合わせて一覧で確認することができる。
資格の履修状況	栄養士や司書など教職以外の資格においての必要科目の内、何が取得できており、何が不足しているのかを、成績と合わせて一覧で確認することができる。
出欠状況	履修科目の出欠状況を一覧で確認することができる。
個人情報	教務システムに登録されている住所・連絡先、保護者、奨学金、申請資格、学納金納付情報などを、必要な人が許可された範囲で参照できる。
添付資料	1年前期に作成した2年間の学修計画表や、外部の適性診断結果など、学生別にファイルを保存し、必要な人が許可された範囲で参照できる。

機能がある。本機能は、履修登録をしている科目で休みが増えてきた学生がいると、当該学生を担当する教職員に自動でアラートメールが配信され、早期に対策を行えるようにする機能である。本機能により、休みがち学生に抜け漏れなく早期に対応を行い易くなり、学修についていけない学生を抑制する効果があると評価されている。

◆学生サポートメモ

学生の個別指導履歴を、教職員が登録・閲覧（共有）する仕組みとして、学生サポートメモの整備を行っている。メモはスレッド形式で管理され、話題が混じることなく、関係者間で情報共有できるよう工夫を行っている。

また、学習ポートフォリオと、学生サポートメモを合わせて活用することで、図5のような学修サポートスキームを実現することを想定している。

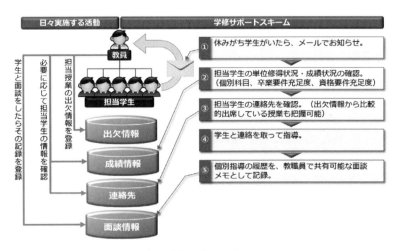

図5　学修サポートスキーム

◆夢・目標設定セルフチェック

自分の夢・目標と短期大学での学びの関係性を整理し、定期的に振り返る仕組みとして、夢・目標設定セルフチェックの仕組みを整備している。学生が、

定期的に、なぜ短期大学に進学をして学ぶのか、その学ぶ意味を考える（思い出す）ことで、与えられた学習から自ら獲得する学修への脱皮を促すことを目指している。

仕組みとしては、入学年度別、学科別に設定した時期に、学生にリフレクション（振返り／自省）を行うための設問が表示され、学生はこれに答えるというものである。これにより、優秀な学生であれば考えているはずの自らを省みるための質問を、全ての学生に投げかけられるようにしている。

第5節　システムに期待できること

本章において、共同教学 IR システムの「短期大学のための共通の質保証基盤としてのポテンシャル」をご紹介してきた。活用の広がりの中で、今後もさらにバージョンアップを重ねていく計画であるため、より多くの短期大学において採用されることを期待している。

しかし、採用に際しては、ぜひご検討願いたいことがある。それは、「システムに何を期待するか学内合意形成してから採用判断を行う」ということである。

われわれの整備してきた仕組みはいい仕組みであると自負している。しかし、「いいシステムがあれば学校はよくなるか」と問われれば、答えは NO と答えざるを得ない。いくらいいシステムがあっても、利用が進まなければ、学校に変化は起こらない。100校以上の大学・短期大学のシステム運用状況を見てきて確信していることは、「システムが少々使いにくくても、やりたいことが明確で、やりたいことを実現するためにシステムが少しでも手間を下げることに役立つのであれば、システムは使われる」ということだ。システムが使いやすい事よりも、やりたいことがある事の方が、システムが活用されるかどうかにおいては重要である。

また、多くの大学・短期大学のシステム整備状況を拝見して感じるのは、導入したのに使われていない教学系システム（特にポートフォリオ系）が、非常

に多いということだ。導入済みのシステムが利用されていない理由は様々である。「導入を推進した教員がその後いなくなった」、「一部の職員がリードして、強引に導入したので利用が広がらなかった」、「導入したシステム会社の担当者が操作説明をきちんとしてくれなかった」など、多岐にわたる。しかし、いずれも「システムに何を期待するか」、また、「どのように運用を行うか」、学内合意形成せずに採用判断をした結果である。

　第三者評価第3クールにおいては、第2クールで求められた内部質保証システムの構築の適切性から、内部質保証システムの有効性の検証へ舵が切られる。システム整備においても形式的なものではなく、実効性を真剣に検討した上で採用判断することが求められる。

　紹介してきた共同教学 IR システムは、短期大学のための共通の質保証基盤となることを目指し、実際の活用を通じて出てきた課題を一つ一つ解決しながら整備を重ねてきた。そして、今後もさらにバージョンアップを重ねていく。第三者評価第3クールに向けて、どのような仕組み整備が必要か、学内で真剣に検討いただく中で、採用の広がることを願っている。

短期大学コンソーシアム九州学長座談会
「地方の短大の役割と機能の強化」

日時：平成29年9月8日（金）
場所：佐賀女子短期大学

南里：ここでは短大コンソーシアムでこれまで取り組んできたことや、その成果について、短大コンソーシアム加盟校の7短大の学長と座談会を行い、整理していきます。

佐賀女子短期大学　南里悦史

本日は以下、4つの柱を立てて、皆様にお話をしていただきます。

①短大コンソーシアムの連携活動は自短大の教育改善を促進したのか。

②短大コンソーシアムの連携活動はブランドの向上に貢献したのか。

③短大コンソーシアムが取り組むべき活動とは何か。

④将来展望。

という形で話を進めていきたいと思っております。短大コンソーシアムは全国的には稀な例だと思います。

最初に、この短大コンソーシアムの立ち上げ時から携わられていた安部先生から、短大コンソーシアムがいつ頃からどんな形でできたのか、基本的な目的や中身はどのようなものだったのか、簡単に聞かせていただき、それに沿ってそれぞれの大学にどのような形で教育改善がもたらされたのか、ということを各校の事例を挙げてご報告いただきたいと思います。

安部：短大コンソーシアムは2002年に「短期大学の将来構想に関する研究会」として発足し、これまで15年間活動をしてきました。最初は、九州大学の吉本教授のご協力の下に、短期大学に関する研究を行うところから始めました。短期大学の教育成果、今でいうところのアウトカムズを卒業生調査によって計測できないかとのご提案をいただいたところからこの会はスタートしました。

当時は、なぜ卒業生を調査するのかという疑問もありました。短期大学の振

興のためには、高校生にアピールするための学生募集の方法の検討ならばまだしも、卒業生調査なんかやっても何になるのかという意見もありました。あれから15年経った現在、高等教育の現場では、教育成果－アウトカムズ－とは何かと問われるようになりましたし、また、認証評価においてもクローズアップされるようになりました。今考えると、とても先進的な取り組みを行っていたのではないかと思います。

長崎短期大学　安部恵美子

　この短大コンソーシアムのメンバーでいくつかの科研や、二つの GP 事業に採択されたことによって、短期大学における教育の質の保証について検証する取り組みが進んでいきました。その過程の中で、特に短期大学の職業の目的・方法・成果を共同で検証することに焦点を当て、様々な研究活動や学生を巻き込んだ教育活動などを展開してきました。

　しかしながら、短期大学のブランド力の低下と学生数の減少は止まらず、私たちが活動してきた15年間、短期大学にとっての状況は、良い兆しというのがほとんどなかったのではないかと感じております。しかしながら北部九州の福岡・佐賀・長崎の短期大学は、15年も継続してコンソーシアム事業を続けております。

　短大コンソーシアムは、各短大の学長先生の指導の下に、セレクションしていただいた推進委員で運営しています。推進委員の先生方が熱心に活動に取り組んでいただき成果を上げてきました。

　一番の成果は、学校をこえた教職員の交流が進んだことではないかと思います。専門が異なるよその短大の教員と知り合う機会なんて、なかなかないでしょう。だけど、例えば国文学の先生が保育の先生とあるいは家政学の先生と知り合って一緒に事業に取り組むこともやってきました。また、教員と職員の垣

根をこえた交流もあります。全国でも特異な活動を続けてきたのではないかと思います。

　しかし、その活動の具体的な成果を示すことは難しく、これで本当にいいのか、何のために活動しているのかということを自問自答する15年間でもあったような気もします。

　2017年3月にGP事業が一応終わりましたので、今までの活動内容について、各学校あるいは短期大学、地方の短期大学の振興にどのように役に立ったのか、そして将来、われわれはどこに向かおうとしているのかということをこの座談会でお話させていただければと思います。

南里：この短大コンソーシアムの成果の一つとして、「短期高等教育」という短大コンソーシアムの紀要をVOL.7まで発行しております。また、安部先生が話された2002年から始めた「短期大学の将来構想に関する研究会」の公開研究会開催は、37回を数えます。そういう点でも、成果を加盟する短期大学の中だけではなくて、他の大学や短期大学に発信し、影響を与えてきたのではないかと思います。

　では、まず本日の一つ目の柱として短大コンソーシアムの連携活動は、それぞれの短大の教育改善にどのような影響を与えてきたのかということについて、順にお話していただきます。最初に、坂根先生よろしくお願いします。

坂根：どのくらい改善できたかというと、数値で具体的に示すことは難しいですが、本学にとっては取り組んできて良かったなと感じているところです。やはり自分の学校だけではなかなか客観的に見ることができません。その点、7短大で一緒に色んな調査をさせていただいて、その結果を見て、自校のスタンスの確認もできましたし、共同のFD/SD活動、共同のIR活動を通して、よその短期大学が

香蘭女子短期大学　坂根康秀

どういう活動をされているのかとても参考になりました。また、よそもやっているからうちもしなければという気持ちになったので、自学の改善につながったのではないかと思います。

以前コンソ事業で、FD/SDを1泊2日長崎でやったことがあります。よその先生方と交流することによって、うちの教職員にとって、とてもいい影響を受けたことが印象に残っています。共同FD/SDに私も何回か参加しましたが、よその学校の先生が発表されている内容を聞いてやはり一定の成果が上がっているなと感じました。

福元：私も坂根先生と同じで、教職員が自分の学校の立ち位置、自分の学校の役割がどの辺にあるのか認識できたのではないかと感じています。「ここはよその短大に負けているな」とか、「あそこは少し自分たちの方が進んでいるな」とか、教職員交流を通じて、学校間のネットワークができたということが一番大きかったと思います。

学修成果の可視化について、本学では独自でもやっているところです。短大コ

西九州大学短期大学部　福元裕二

ンソーシアムで共同実施した各種の調査の影響を受けて、学校独自で実施しているIRが強化された点もあります。まだ分析途中ですが、教職員が結果をもとに、学生たちのどういう能力を引き出すことができるのかを考えていくことができるようになりました。きっかけは短大コンソーシアムの活動にあったと思います。

玉島：私は短期大学の教育に関わってまだ3年目で、よくはわからないところがありますが、まずはここまでこの組織の内容を検討して、発展させてこられた先生方のご尽力に敬意を表したいと思います。自分の学校の教育改善にどうつながったかは、先ほど坂根先生や福元先生がお話されたこととほぼ同意見です。IRネットワークシステムを活用した各種調査を本学も活用しており、そ

ういう調査から見えてくるものがある程度明確になったと思います。学内の学科間での比較とか1年次2年次の比較とかはもちろんですけれども、他校との比較もできますので、強みもわかるし、課題を明確にすることもできるので、こういう調査をやることによって今後の方向性を検討していく資料になっていると思います。

長崎女子短期大学　玉島健二

　FD/SD の研修会も、他校と合同でやることで色々と参考になる事例もあり、実際に本学に取り入れている活動もあります。そういう意味で FD/SD 研修会を通して教職員の質の向上につながっているのではないかと思います。

中川：私は昨年学長に就任して2年目で、短大コンソーシアムの初期の目的と計画を十分に理解していない部分もあったのですが、先ほど安部先生からお聞きして先進的な取り組みをされていたことがわかりました。短大コンソーシアムで行っているような調査研究については学内で消化しきれているとは言えませんが卒業生調査に関しまして、短大コンソーシアムで取り組まれていることを踏まえて独自の調査を行っています。しかし、分析がまだ甘く、今後の課題と思っております。さらに、満足度調査を昨年度から2年間継続して行っていて、現在の学生生活を把握し、どう改善していくかということに取り組み始めています。このような取り組みは短大コンソーシアムの調査に学んで進めています。

　もう1点は、短大コンソーシアムで行っている短大フェスを参考に、昨年度から本学では「福女短フェスタ」を開催し

福岡女子短期大学　中川伸也

ています。本学がある太宰府市は人口7万人しかいない小さな市で、産業がほとんどなくて観光に頼っている市です。そのような中で本学の教育内容を、一般市民の方に知っていただく取り組みを、本学は太宰府市を中心にやっていました。これをもっと広げて福岡市や県の方にも私どもを知っていただくような取り組みをしなければいけないということで、短大コンソーシアムがやっている短大フェスの手法を、私たちなりに活かして「福女短フェスタ」を開催しました。このことが、本学のPRにつながっていると大変有り難く思っております。

先ほどから指摘されておりますように、7短大が一緒に活動をすることで教職員の力が向上しています。これはFD/SDを通して他の学校の教育や文化を体験することによって、自校の考え方を考えるきっかけとなっています。また、推進委員が本活動を通して学んだことを、コンソーシアム事業に関わっていない他の先生方にも発信してもらっている。この点が非常に良かったなと思います。

井上：私は短大に来て8年目なりますが、短大の専門分野とは全く違う世界から来ましたので、本当に最初は困りました。私の短大では毎年、事業計画を学長が作成し年度目標をたてることになっています。そして、学長の年度目標を受けて各学科、各学科・専攻、専攻科、各部署が年度目標を立て、PDCAサイクルによって、教育の質保証を図り、社会通用性を確保できているかどうかを自己点検していくシステムとなっています。そういうシステムになっている中で、私はいきなり事業計画をたてることになり非常に困ったのですが、この短大コンソーシアムの活動を見て今何が大事なのかということを見極めながら、本学の事業計画の中に反映させました。

このコンソーシアム事業に影響をうけて、最近は教員がアクティブ・ラーニン

精華女子短期大学　井上雅弘

グに取り組み、補助金も獲得してラーニングコモンズを作ることができました。学内でそのような体制もできあがっていますし、おそらくこの短大コンソーシアム九州がなかったら事業計画の方向なども違っていたのではないかと思います。そういう意味では本当に良い影響を受けています。

南里：ありがとうございました。本学も私が就任してから、コンソーシアムの事業と短大の組織の融合がなかなかとれなくて苦労しました。短大コンソーシアムでやっていることがそのままストレートに短大全体に広がっていくと非常に良いだろうと思っておりますが、事業に関わっている先生とそうでない先生との温度差があり、なかなかうまくいきませんでした。教授会の中にいかにコンソーシアム事業の成果をいれて議論するか、それから短大コンソーシアムで開催する様々な研修会などに教職員に出てもらって、本事業の基盤になっている政策動向や今の教育改革動向を認識してもらう。だんだんと学内での共通認識ができてきてコンソーシアム事業の成果を教授会の中で一つ一つ報告してもらうことができるようになりました。そういう苦労話じゃないですけれども、そのあたりを含めて、安部先生、短大コンソーシアムの教育改革の理念というか方向性とそれを学内運営にどのように結びつけていらっしゃいますか。

安部：短大コンソーシアムの事業と学内改革がいきなりは結びつかないというのが、15年間の活動を通しての感想です。この活動内容がもっと広がるのではないかと当初は楽観的に考えていたのですが、あまり広がっていきませんでした。本学においても、学内で全ての教員に広がったとは言えず、それが大きな課題として残っています。

　一つ一つの短期大学が頑張っても改革を進めていくことに限界があるなと私は思っていたのですが、複数校が連携を組むことによって、本学も引き上げていただいたということを感じています。そういう意味で有り難いと思っています。連携事業は一朝一夕ではできません。それになかなか広がらないですけれども、宝物みたいにして育てていく必要があるのではないかと思います。

南里：時を重ねるに従ってコンソーシアム事業の取り組みと成果が各大学へ浸透してきたということ、それからそれぞれの短大が他の短大を意識しながら戦

略的パートナーシップということで結びついていると言えるでしょう。

　次に、二つ目の柱として、地域の短大ブランドの向上にコンソーシアム事業の連携活動が貢献したかということについて、ご意見をお聞かせください。順にお願いします。

坂根：ブランド力の向上に貢献したかと言われると、率直に言うとどうだろうか、という感想を持っています。短大フェスなど、やはり7短大が集まって何か一つの行事に取り組むということはメリットがあるのですが、現状ではこの取り組みが対外的にアピールする力を持っているとは言い難いと私は見ています。しかし、やり方を工夫すればもっと短期大学の魅力とかをアピールすることにつながるのではないかとの期待は持っています。

　福岡では高校訪問キャラバン隊という活動に何年か取り組んでいます。この活動は直接高校生に短大生が話をするので、短大の教育を知ってもらうためにとても良い効果を上げているのではないかと見ています。必ずしも自分の学校の受験に結びついているわけではありませんが、短期大学でどういうことをやっているのかを直接、短大生が高校生に伝えるいい機会になっているのではと思っています。また、キャラバン隊に参加する学生を一度に集めて、事前研修を行っています。私も参加したことがあるのですが、学生たちの成長のためにもとても役に立っている取り組みだと私は思います。キャラバン隊が、長崎・佐賀にも広げられるといいなという気がします。高校生の進学ガイダンスについては、2012年に開催した最初の短大フェアの時に、21校の短期大学が集まって、高校にもPRしましたが、高校生を動員することが難しかったです。やはり餅は餅屋で業者が集める相談会の方が圧倒的に高校生の集客力は強いと思います。だから進学相談会のようなものではなくて、短大コンソーシアムを核として、他の短大もいれて、短期大学について何かアピールする場が欲しいと思います。

福元：佐賀県だけに限ってみれば短期大学進学者数は、年々ずっと落ちてきています。その結果を見れば、短大コンソーシアムの活動がブランド力を上げたかというと、その向上に貢献したとは言い難いというのが結論になるかと思い

ます。短大のイメージというかブランドが上がっているような話は近隣校の校長先生からも聞こえてきません。せっかく短大コンソーシアムで7つの短大が集まって短大フェスを開催するのであれば、テーマを決めて、地域の中の課題に対していくつかの短大が集まって、学生たちが一緒になって高校生も巻き込んで何かに取り組み、「さすが短大の学生、頑張ってるじゃないの」、「やっぱり大学の学生と違うよね」と評価されるようになってほしいです。そういうことをやらないと単に7つの短大が学生募集、オープンキャンパスの集まりみたいなことをやっても、短大のブランドが上がるかというと、私は若干疑問を持っています。結果的には言いにくいですけれどもブランド力の向上には貢献できなかったのではないかなと思います。

井上：これまで否定的な意見が続きましたが、私は必ずしもそうとは思っていません。短大に深く関わられた方にはそう映るかもしれませんが、この事業はブランド力を作る力はあるのではないかと思っています。今、専門職大学の設立について議論されていますが、短大フェスなどをブランド力を作るチャンスにしなければいけないのではないでしょうか。

　以前、「キャリア教育と職業教育の違い」について他大学の方の講演を聞いたことが強く印象に残っています。「職業」と和訳される言葉は、ボケーショナルとかエンプロイメントとかジョブだとかたくさんあります。その中でも「キャリア」だけは、少し違った意味合いも含んでいます。例えば私が今学長を辞めたとしても、学長としてのキャリアがあったと、学長であったというキャリアはいつまでもついてきます。一方「職業」であれば辞めたらそれで終わりです。つまりキャリアは経歴を指すわけです。仕事を辞めても、

人にくっついていく教育をしなければいけません。その人に生涯ついていく教育をしようとすると、例えばリカレント教育など卒業してからも卒業生のキャリア教育を継続できる、そのようなキャリア教育が必要です。職業教育はそうじゃない。だから本学では職業教育はやるまいということにしています。

　今、専門職大学の設置基準が議論されています。それを考えても、果たして専門職大学にキャリア教育を充実させることができるのか、甚だ疑問です。短大生は職業が変わっても、学生の中に残るキャリア教育を大切にすべきではないかと思います。

　そのためにもコンソ事業によって短大教育の充実を図り、ブランド化を目指すべきではないでしょうか。

南里：はい。玉島先生お願いします。

玉島：私は、2年半前に公立の高校を退職いたしまして、現在、短期大学にお世話になっています。退職した直後だったかと思いますが、近所の人から「どうしているのか」と聞かれて、「実は長崎女子短大でお世話になっています」という話をしたら、「短大、まだあったんですね」と言われました。それが非常にショックで、地域の人の認識ってそういうものなのだなと思いました。今から25〜6年前、第二次ベビーブームの人たちが高校に在籍していた平成の一桁の頃は、特に女子の短期大学への進学者が非常に多かったと記憶しています。それからだんだん短期大学が四年制大学に移行したり、募集しなくなる学校も出てきたりして、現在長崎県内で短期大学は2校だけとなっています。そういう状況の中で専修学校が台頭してきて、選択肢が四年制大学か専修学校か、のような形になっているのが現状ではないかと思っています。そういう時に短期大学のブランド、あるいは存在そのものを知らしめることについて、短大コンソーシアムはある一定の成果を出したのではないかと思います。まだまだ発展途上かもしれませんが、今後とも短期大学の存在そのものを広報して、地域の方々に理解していただく必要があると思います。

中川：7校が集まって短大のPRをするというのは価値があると思っております。PRの目的や方法をもう少し改良して広報することで、高校生や市民の方

に知ってもらえるのではないかと思っています。ただその中で、私の短大が十分にお役にたってなかったのではないかと思っております。玉島先生がお話されたことに関連して、本学は太宰府市から呼ばれた大学なのですが、床屋に行きまして「どちらにお勤めですか」と聞かれ、「そこに見える福岡女子短期大学です」と言ったら、その床屋さん10年以上営業しているのですが、本学のことを知らなかったのです。自分の子どもさんに関係がない。だからほとんど情報が入っていないと感じました。本学は、近隣にある九州国立博物館で音楽会を行うなど地域活動を通して、太宰府地域の中に入っていっています。それでも知られていなかった。このようなことがあったので、「福女短フェスタ」を通して市民へ本学のことをもっと知っていただく活動をしなければいけないと思いました。この事業は短大コンソーシアムで取り組んでいたものを少し応用させていただいています。本学の名前、教育内容そういうものを地域で知ってもらわないとブランド力につながらないのだろうなと思っております。

　短大コンソーシアムの7校が集まり、地域へ何か影響を与えることができれば、私どもの短大も逆にいろんな方から知っていただける機会になるのではないかなと期待しています。

　そのためにはPR方法を検討し、テーマを明確に打ち出していく必要があるかと思います。本学では2年目となりますが来年にかけて「福女短フェス」も変えていきたいと思っていますし、短大コンソーシアムの取り組みと連動しながら活動できたらいいなと思っております。

南里：先生方のお話を通して、それぞれ今後の課題が見えてきましたね。

　続いて、最後の柱ですが、今後短大コンソーシアムが取り組むべき課題は何かということについてお話いただきます。

　この柱を立てたのは、短大コンソーシアムの事業に関わっている学生がどんな認識を持ってきているのか、どのように活動に関わっているのか、またそのことがカリキュラム、ディプロマポリシー、アウトカムのところまで影響を与えていくことになるかだと思います。そのために短大が何をするべきかということについて考えていこうと思います。

「地方の短大の役割と機能の強化」　197

　現在の学生は、スマートフォン世代の学生です。スマホを1日14〜15、6時間放さない学生もいます。そういう学生の経験が、どのように学習と結びつくのか、なおかつ自己啓発をどういう形でやっていくのかなど、スマホに依存し、体験・経験が不足していることを非常に問題であると私は捉えています。

　経済産業省によると、AIの登場で49%の職業がなくなると言われています。

　そのような状況で、短大というのは何を選んでどのようにしていくかということが求められています。そのための教育がどうあるべきなのか考える時期が来ていると言えましょう。だからそういう問題をもっともっと広く、学生の実態を捉えながら、その中で学生に必要な教育とは何なのかということを、もっと幅広く調査をしながら、そこでの学生の課題、それから大学のカリキュラムも含めた、要するに職業キャリア形成というものがどのように行われるべきかというところをもっと深めていく必要があるかと思います。

　先生方がどういう具合に考えていらっしゃるかお聞きしたいと思います。また坂根先生から順にお願いします。

坂根：今、短期大学、大学、もちろん専門学校もですが、職業の狭い専門分野を勉強させています。あるいはその分野の技術を身に付けさせている。それは、会社が新入社員の教育にお金もかけられないし、時間もかけられない、だから即使える人間を求めていて、狭い範囲の職業分野に特化されるようになっている現状があります。これから現在ある半分の職業がなくなることになると、人生の途中で全然違う経路の会社に転職をしていくような時代がくると思います。そうなると短期大学で、例えば保育学科で保育を勉強して、保育園に勤めてきた。でも、その保育園がなくなって、他の事務職や営業職にいかざるを得ないようなケースがたくさん出てくる可能性がある。その時に短期大学が、卒業した学生のために、再就職のためのカリキュラムを展開すると、短期大学の魅力はもっと広がるかなという気がします。

　もともと専門学校よりも短大は幅広く色んな教養を身に付けさせていますし、色んなことを体験させていますので、専門学校より順応性が高いのではないかと思います。職業を変えたいという時に、出身の学校あるいは他の短期大学で

もいいのですが、そこに戻ってアメリカのコミュニティ・カレッジみたいに短期間勉強するようなプログラムを、短期大学が展開できれば強くなるのではないかと思っています。ただ、大半の短大は私学ですから採算が採れない限り踏み切れない。難しい話かもしれませんが、そこでこの7短大で、そういうプログラムを開発するといいのかもしれません。

井上：坂根先生がおっしゃったことを、私はコンバインディグリーと呼んでいます。4年間で短大の二つの分野を学んで二つのディグリー（学位）を取る。二つの分野に関係のある仕事、さらに新しいことができるようになると思います。

　本学では何年か前に、生活ビジネス学科を卒業した学生が、幼児保育学科に再度入学しました。両方を活かせるような仕事にしようとして二つのディグリー取得を頑張って、結果トップで卒業しましたね。それはなぜかと言うと、社会人として目的意識をしっかり持っていたからです。2年ずつ二つの研究分野を専門的に学んで、それをどう活かすのか、そこまで考えている場合には、少し容易にディグリーが取得できるように、もしくは四年制の大学と同じような学位がとれるような、制度としても支援する体制があっても良いのではないでしょうか。

福元：坂根先生と井上先生がおっしゃられたことと近いのですが、やっぱり非学位課程を展開できないかと思います。そのことは短期大学が存在価値を示していく上で非常に重要だと思います。それを実現するためには、なかなかうまくいかないことがたくさんあると思いますが。

　本学では生涯学習について、随分昔から取り組んできています。もちろん無料ではやっていないのですが、講座によっては100人くらいの受講生がいます。だけど、この先生のやっている内容ならば、たくさん人が来るだろうと思っていたら全然来ないということもあります。やはり社会のニーズを調査し、フィットするようにきちんとした計画を考えることが、短大にとって非常に重要だと思います。短大の将来展望に関してはそういうことを、もっと真剣に考えてくことが、重要ではないかなと考えています。

それから短大コンソーシアムとして何よりも重要なことは、せっかく7短大で15年間のデータを蓄積しているので、それをきっちり分析した上で、高校側に、「短期大学でこれだけ学生のコンピテンシーを、2年間という短期間の間に高めることができる」と示していく必要があると思います。経済的に非常に厳しいご家庭のお子さんたちもいるわけですから、四年制の大学は難しくても、短期大学でそこまでやれるんだったら、まずは短期大学にやろうということになるのではないかと思います。現在この7短大はそれを示すことができるデータを蓄積した状況にあるわけですから、これまでのデータのエビデンス化を共同でやっていくことが非常に大事だと思います。

　エビデンスを以て、文科省が言っている学びの3要素すなわち、知識・技能のみならず思考力・判断力等や主体性・協働性等の習得が短期大学でこそできるのだということを示すことが必要です。

　それともう一つは、私は今年から四大の学長も兼務することになって強く感じたのですが、短大の先生というのはやっぱり学生たちの面倒見がものすごく良いことです。そこは短大の強みだと思います。

　そういう面倒見のいい先生たちが揃って教育の中身が充実しているからこそ、これだけ学生の能力を引っ張り上げることができるということを短大コンソーシアムでアピールすることが、一番必要なことだと思います。

中川：キャリア教育の必要性は私も感じています。私は、キャリア教育は生き方指導と考えてくださいと教職員に言っています。どのように生きていくのか示すことが、キャリア支援の根幹です。自身のステップアップなど、生き方の方向性を考え進むことが

大事です。職業教育とか就職さえさせれば良いということはやめてほしいと教職員に伝えています。これからどう生きていくかということを意識して指導していただきたい。短大が生き残るためにも、学び続ける力、社会が変わっても自分が能動的に関わっていく力というものを育成していく必要があります。これこそが短大と専門職大学との違いだと私は思っております。短大が生き残るためには、まさに、ここの部分をしっかり位置付けることが必要なのではないかと思います。

　本学は、市民の方向けに「市民短大」という講座を開講しています。これをもっといろんな意味でニーズに答えるものができてこそ、市民のための講座になるのではないかと考えています。

　さらに、今後リカレント教育を行うことが必要になるでしょう。しかし、リカレント教育を充実するためには社会制度をしっかり作っておかないと難しいと思います。短大が身軽に動ける利点をいかして、リカレント教育をきちんとする。そして社会的なシステムをしっかり作っていただけたら、短大が生き残れる確率が高くなるのではないかなと思っています。

　短大コンソーシアムで私が考えているのは、7短大がそれぞれ特徴あってここでこんな学びができます、ここはこういう学びができますということを示す。そして、それぞれの短大で学んだものを短大コンソーシアムとしてまとめあげられるようなこんなシステムができればと考えております。

玉島：短大コンソーシアムが取り組んでいる活動については、私は基本的には継続で良いのではないかと思っています。先ほどの話の続きになりますが、地域の方々や高校の先生方にまだまだ認知されてないところがありますので、それを改善するようなことをできないかなと思っています。

　一方で、進学先を迷っている高校生に「あなたはあそこに行きなさい」と自信を持って言ってくれる高校の先生が少し現れてきてくれたことは有り難いなと思います。6月くらいに高校の先生方に本学での教育について説明したり、実際に出身校の学生と20～30分交流する時間を設けたりして、そこで成長を感じてもらって、それが具体的な後輩たちの進路指導につながっている部分があ

るのかなと思っています。短期大学は就職だけをさせれば良いとは考えていないこと、資格を取らせて就職というような指導はいたしておりませんということを、学生たちと触れ合うことで実感していただいています。高校時代にこんな生徒たちだったのが、2年間でここまで成長したのかと実感していただけたことで、少し高校の先生方の進路指導に変化が出てきているような気がしております。今後も引き続き短期大学の良さというものを示すような取り組みができないかなと思っております。こういった点で、短大コンソーシアムで取り組む成果を打ち出していけるようにならないかなと思っております。

安部：15年間活動してきてまだ道は半ばだと思っております。これからも短大コンソーシアムでは、地域に短期大学の良さを発信していく機会をたくさん設けて、短期大学が連合してできること、今までやってきたキャラバン隊、短大フェス、学修成果報告のためのフォーラムだとか、そういうことを地道に継続していく必要があると思います。その中で短期大学の独自性をアピールしていくことが必要なのかもしれません。先ほど、井上先生が職業教育とキャリア教育の違いを明らかにしなければいけないと言われました。新しく制度化された専門職大学、専門職短期大学では生涯キャリアを見通す力をつけるための教育を行う教育課程にはなっておりません。おそらく短期大学が独自性を示すとすれば、そこの強化ではないかと思っております。これからさらに学生が多様化することが予想されます。成人学生や中等教育段階までの教育を十分に身に付けないままで入学してくる学生が、短期大学に入ってきた時に、どういうキャリア教育をしていくのか、そしてそのキャリア教育の中での職業訓練をどのようにやっていくのか、短期大学ならではのやり方というのを短大コンソーシアムでも開発していかなければいけないのではないかなと思います。また、先生方から非学位課程とか卒業生の学び直しとかの必要性も提起されました。しかし、実は卒業生だけではなくて、これまでに高等教育にアクセスをしていなかった高等学校を卒業してすぐに就職した人の学び直しも必要となってくるかと思います。

　1990年代、短期大学の入学者は25万人でした。今は6万人です。4分の1以

下に減っております。短期大学にも専門学校にも大学にも行ってない人が20代後半～40代前半の層に多いのです。この人たちは今後60歳、65歳まで仕事をしていく間に、2030年、2040年頃になると仕事・職業を失くす可能性、あるいは職業を変えなければいけない可能性はとても高くなってくると思います。これは地方、都市問わず起こってくる問題です。短期大学は非学位課程あるいは高等教育にこれまでアクセスしたことがなかったちょっと年輩の人たちの教育にも尽力していくような仕組みを作っていかないといけない。このような取り組みは一つの短期大学やこの短大コンソーシアムだけでできることではなくて、国の政策としてやっていただかないといけない部分があるのですけれども、そういう方針を国にはたらきかけるような活動をやっていくべきじゃないかと思います。また、今、若者が減少しています。これまでは即戦力、即戦力と言われてきましたが、これからは若い人を、いかに育てていくかがテーマになると思います。だから専門職大学で行う職業教育の実践性を特化した大学が果たしてそんなに考えるほど効能があるか、ちょっと疑わしいところで、むしろ短期大学と大学がやってきたジェネラルエデュケーションの方にまた注目が集まる可能性があるのかなと思います。これは期待かもしれないけど、そういうふうに私は思っています。

　そのためにも、地域ニーズだとか時代ニーズだとかそういうものをひっぱり込めるような、そういう姿勢が必要と思います。「短大はどうなりたいの？何の役にたつの？」って言われた時に、「地域ではこんな課題がありますよ。短期大学のこんな教育・研究が地域の課題解決に役に立ちますよ」と言えるようになるといいのかなと感じます。

　もう一つは共同教育課程の開発が必要になると思います。今、eラーニングだとかMOOCSだとか出てきていますが、そういうものを使ってネット配信授業がこれからできるようになると思います。例えば、教養教育として社会人マナーをはじめ、ファイナンシャルの基礎的知識、税金の教育、地域を知る基礎的講座などを配信授業で行い、短大フェスなどのような、アクティブ・ラーニング科目は共同で実施することがさらに必要になるでしょう。長崎、佐賀、

福岡の各短大で同じ授業を配信授業で受講することができる一方で、一堂に会して合同の授業を受講することなど多様な手法で、短期大学ならではの共同教育課程を開発できるといいですね。それを実現するには、地方公共団体からの協力が必要で難しいとは思いますが、共同教育課程というのは、どうしてもコンソーシアムを組む時の課題になってくるのではないか、という気はしています。

　地方の短期大学の振興のためには各大学がそして連合体組織として地道に活動していくことが不可欠であり、また、地域課題を抽出していくことによって、短期大学の支援者を地域にたくさん増やしていくことが必要になるのではないかと思います。

南里：ありがとうございました。

　いろんな形で今後の短大コンソーシアムをどう発展させるか議論をしていくことが必要になるかと思います。今まで培ってきたものをさらにどう発展させていくか、例えばIR活動を推進することでもっと大きなデータを構築でき、さらには７大学だけではなくて全国の大学でそれを使ってもらえるようなそういう仕組みになっていけば、もっともっと多くの学生の状況分析ができるようになると思います。それから、地域で必要とされる人材養成についてこまめに対応していくことが必要不可欠になるでしょう。その時に、私は福岡・佐賀・長崎は一つのエリアとして捉え、安部先生がおっしゃったような例えば共同教育課程の開発みたいな形でeラーニングのシステムを作っていけば、非常に面白い取り組みになるかと思います。その上で、実習などをそれぞれの短大でやっていく。これを共同開発していければいいなと思います。同時に短大の生涯学習機能を強化させていく必要があると思います。短大は地域の中のコミュニティ・カレッジ機能も合わせ持ち、地域の人々の様々な学習のニーズに対応すべきです。ただし、短大の教員からの一方通行のような従来型講義ではなく、地域課題に合わせて住民と解決に向けて、一緒になって学習し、行動していく。そういった生涯学習のかたちもあるのではないかと思っています。そのあたりを７短大の協力を得て実施できると、とても面白く素敵なものになるんじゃな

いかと思っております。短大の役割や機能と地域の動きが、有機的につながっていければと思っております。どうもありがとうございました。

おわりに
地方短期大学教育のこれからを考える

◆短期高等教育改革の独自課題として

　短期大学の改革が叫ばれて久しいが、短期大学の歴史的に辿った課題はこれ
からも短期大学として独自に考えなければならないことである。それは短期大
学が隆盛期を経て少子化の下降線を余儀なくされているようになってきた今こ
そ、「学びの成果」を踏まえた短大教育の質保証を短期大学自らが考えなけれ
ばならないことなのである。

　短大教育には、歴史的に戦後の教育計画の中で社会的に要請された目標は何
だったのか。短大生の進学率の増加とともに、特に女性にとっては自らの生活
のエリアを離れて首都圏や都市圏の四年制大学には行かせられない層が入学者
として増加し、女子教育では「せめて嫁入り」の道具として、地方の生活者に
合った履歴と資格を取得することを目指された。そこには、明確に地域の人材
育成や資格を身につけて、地域貢献に結びつけようとする意識に基づくもので
は無かった。しかも10年以上前までの入学者の増加は、短期大学としての教員
と学生のある意味「自由な教育環境」を作ってきたが、短期高等教育の目指す
べき女性の自立や社会貢献の改革目標は希薄であった。短大進学者の上昇の中
でも短期大学や教員自らの目指す教育目標としても女性の自立など、特に意識
されることがなく、それらは教師と学生の楽しい、自由な学園が意識され、来
るべき少子化・高齢社会、地域の共同性や産業の衰退を見越しての地域を担う
主体を育てる教育目標が意識されたわけではなかった。それは地域の少子化・
高齢者化に対して独自のビジョンとして認識すべき短期高等教育の独自性を
益々希薄にさせてきた。

　しかし昨今、急速に進められている地域との連携、産学連携、他の連携活動
を踏まえた短期大学の連携活動は、それまでの資格取得のための現場実習から、
インターンシップやアクティブ・ラーニング、ソーシャル・サービスなど社会

の要請へ結びつく学びの形態が変わってきており、今日ではどこの短期大学でもそうした連携課題を目指している。さらに難局を乗り越えるべく短大改革に取り組むには、各短期大学が独自の特色のある教育内容改革を進めなくてはならない段階でもある。

　本書のテーマは『短期大学教育の新たな地平』としているが、刊行のねらいの一つは、「短期大学コンソーシアム九州（以下、JCCK）の活動と思い」を培ってきた成果を全国に発信しようとすることである。

　「西からの風」を吹かそう、とは「JCCKの15年間の活動成果」を皆さんに知ってもらうこと。JCCK活動は戦略的パートナーシップのもと、調査研究、教育プログラム開発実施など、様々な活動を連携して行ってきたが、このような短大連携活動はさらにその意義と活動を広げようと意図したものである。しかも各短大教育が個々に課題を抱えながらも、長年の連携でキャリア教育の新しい課題解決のために取り組んでいることは、実はよそでは特異に見える活動であって、短大教育の方向性の一つという意味を込めた活動を知ってもらう意味であった。

　二つには、JCCKの共同、連携事業、短大教育改革のための活動が地方の短期大学の教学改革のコアのモデルケースとなり得ることであった。北部九州の短大連合体の活動成果が、短期高等教育改革の好事例として、その蓄積を西からの改革の風として、一つの指針を作っていきたいという思いである。それはJCCKの活動も15年をかけて色々な壁にぶつかりながら、また本務のある教職員の意欲に支えられながら必死で取り組んできたが、それは本当に「熱い思い」に支えられた活動であったと言えよう。

　その活動の始まりであり、また現在でも根幹を為すのは調査研究活動で、様々なデータ活用をもとにしたIR活動が叫ばれる以前から調査活動に着手してきた。最初は卒業生調査から始まった。短大関係者は今目の前にある課題（入学者減少、教育内容改革）を解決したいが、なぜ卒業生調査が必要なのか、と当初は感じていた。高等教育の専門家として九州大学の吉本圭一氏を頼り、一緒に研究活動に取り組んできた。現在では、教育内容改革のためにアウトカ

ム調査（学修成果の調査）が欠かせないものとなっている。また、共同共通調査を実施することで、自校の改革のためのベンチマークを得ることが可能となっている。今年度から改革総合支援事業のタイプ５プラットフォームが導入され、一層連携しての活動、その中で自学の特色を捉え、伸ばしていくのかが課題となっている。JCCK の活動や思いが、各地のプラットフォーム事業へも良い事例としてつながっていくことを企図している。

◆短期高等教育における「人間らしさ」の回復の重要性

　短期高等教育を担う短期大学を、学修制度の中でどのように構築していくべきなのか、短期大学独自の課題を見つけ出し、捉えることがもとめられてくる。それは、短期大学が社会的な要請として、どのような役割を求められてきたのかを、改めて明らかにする必要があることと言える。

　本書では「短期高等教育の持つ歴史的な役割」を繙くことから始めた。そこでは前・日本私立短期大学協会会長で、長く中教審などにも携わっておられた佐藤弘毅先生へもご協力をお願いした。佐藤先生には、「短期高等教育の持つ歴史的な役割」を繙き、短期大学の凋落を直視し、その中での短期大学の行動とその成果（によって生まれた現状）を分析していただいている。短期大学は歴史的な流れの中では進学率の向上とともに上り調子の時代が続いた。しかし、その中で短期高等教育としての存在を自らきちんと作り上げられなかったこと、また短期高等教育機関としての存在意義を文科行政へもアピールできなかった。まずはそのことを直視した上で、今現在の社会問題、特に少子化・高齢化の中で、今日の短期高等教育独自の役割を明確化することで、その存在意義を今一度構築し、地域を支える人材育成を担う、という新しい価値となり、地域の中で不可欠な存在となるべく、様々な活動を通して、地域に必要な高等教育機関としての価値を作り出していくことが重要であった。

　最近の短期大学の教育課題は、短大生が学ぶべき目標と学生の意欲が社会の情況を見据えた認識としては乏しくなっていることである。自己の生活の中から課題意識を見つけるのに乏しく、高校生までの生活の中で強固な目標意識を

作り出すことができずに、さらに2年間の短い教育学修期間では、うまく自己目標に辿り着かない例が多い。したがって、短大教育で何を教えるかだけではなく、学生自身の＜自己の振り返り＞や、学生同士の協同の中で、自己の存在と個性を認識しながら新しい自己目標を見つけ出す営みを作っていく教育学修が必要となっている。

そうした教育学修は「学生理解」と「共同学習」として認識されなければならないが、それは学生自身を取り巻く生活環境への実態に由来する。今や核家族、地域の共同性の欠如、情報技術の急速な進展、「ものづくりをしない」や「選択と消費」の消費や社会生活の中で、人間関係、ものづくり、伝統文化の継承など地域に暮らす人間にとっての生活の資質に関係する発達内容が失われてきたからである。学生の生活環境と学習環境が完全に乖離してしまったと言える。

そこで短大教育独自の役割を「人間らしさ」の回復であると考え、加えて学力の3要素「思考力・判断力・表現力」を身につけることで、質の高い「基礎教養」を身につけた学生を地域で育て上げる短期大学の教育目標が必要である。これは専門職大学や四年制大学とは違った2年間の制約の中で、きめ細かい教育でしか為し得ない教育学修と思える。しかし、短大教育の現状として、まだまだ「就職即決」「資格取得」をメインとして、質の高い「基礎教養」の部分が疎かにされることが多い。したがって短期大学においては、教育学修を通した学生の発達可能性を求める分野が、どう具体的に展開されるかが問われている。それは教育目標を人間らしさの回復に求め、そのための生活課題、人間関係、ものづくりなどの教育・学習活動を作り出すことだと強く思っている。

では、その人間らしさをどのように教育として実践するのか。それには地域と短期大学の関係を再構築することが重要になる。人間らしさは、高度情報化社会の現代で失われつつあるもの、例えばものづくりやコミュニケーションなどを如何にして獲得していくのかが求められている。しかし、これは教室で教科書を見るだけでは獲得できず、やはり学生たちが、現場で何が課題となっているのかを感じ取ること、教員はその現場で学生が何を感じ、何にぶつかって

いるのかを観察し、さらなる学生の学びを促す、これにより学生の学修が初めて身につくのではないか。情報をスマートフォンで得るだけではわからない、身をもって体験すること、今の学生にはそこからの認識と学修が必要だと思われる。そして、その体験と学修の情況を自分で解釈し、成果を表現すること、これが質の高い基礎教養を形成する「共同学習」となる。そこで、地域社会は大切な教育の場となり、短大教育を地域で実践することで、短大教育しかできない目指すべき教育内容を地域づくりの中で作り出すことになる。

　また、短期大学の役割と教育機能については、短期大学を生涯学習の拠点として位置づける地域社会との関係を構築することが重要である。ただし、カルチャーセンター化した生涯学習拠点は必要ない。これから短期大学が地域の生涯学習拠点としてあるためには、地域社会の知力を巻き込んだ学習の場を作り出すことが必要である。つまり地域社会の課題について短期大学を含め地域の方々と共に解決を目指すことである。地域の歴史・文化、生活課題へのアイデアをみんなが出す中で新たな知力を結集させ、それが地域を作る学力として新たに生まれ、それまでの生涯学習講座という教員が行うカルチャーセンターから脱却し、地域づくりの力として生み出される活動が短期大学の基本的機能になることで、真のコミュニティ・カレッジとして短期大学の再構築につながり、地域に不可欠な課題解決型学修を広げる学習の仕組みを作ることになる。そうした活動が短期大学の地域連携のモデルケースとなり、それが文科行政へも短期大学の独自性・重要性をアピールする機会として展開され、その蓄積は地域社会の中で存在する短大教育を今後どのように構築していくのかを描き出すことになる。

◆短期大学コンソーシアム九州の独自の役割を振り返って

　15年前の平成14年（2002）短期大学の将来構想に関する研究会、通称 CC 研を立ち上げた。その活動は調査から着手している。CC 研の始まりは、卒業時調査、ステークホルダー調査などを実施し、その成果の積み上げによって科学研究費も獲得できた。当時、高等教育業界では第三者評価やアセスメントが始

まった頃であったが、CC 研の活動はさらに進み、平成21年（2009）からは調査拡大期として位置づけられる。2回目の科学研究費を獲得し、短大教育の再構築のための調査を拡大、さらに地域の中核人材の育成の実践を調査研究から導き出した内容による教育プログラムを作り上げることに取り組んだ。この頃に JCCK を結成している。

　平成24年（2012）頃から高等教育業界では教育の質保証への注目がさらに集まるようになり、それを測定可能な数値を設定する具体的に可視化するなどが求められるようになっていた。そのために調査研究活動は活用できたが、アンケート調査は集計・分析に圧倒的な時間と労力を要した。そこで JCCK では、同24年に文部科学省の大学間連携共同教育推進事業へ申請、採択され、IR ネットワークシステムの構築を目指してきた。5年間で JCCK 加盟7短大による学生調査などを含む IR ネットワークシステムが活用できるようになっている。7短大で共通調査を実施することでベンチマークを獲得し、自大学の特色を見出したり、課題解決の糸口をつかんだりということが期待されているが、IR ネットワークシステムは活用を始めたばかりであり、現在は調査項目の精査などを継続しつつ、教学改革のための IR 活動に資するものに改善をしている。まだまだ課題が多い部分ではあるが、今後にも期待ができる部分と言える。

　また、調査だけでなく JCCK の活動は7短大が連携して取り組む教育実践であった。それは単独で一つの短大ではできない、連携しての活動で、高校訪問キャラバン隊や短大フェスといった企画をしている。

　まず、JCCK の活動で毎年実施している高校訪問キャラバン隊についてであるが、これは短大生が母校を訪問し、所属する短期大学の魅力や普段の学びを高校生へ紹介する活動で、違う短期大学に進学した学生がそれぞれの短期大学の特色を述べることで、高校生自身も進学先の比較ができる成果がある。学生にとっては自分のことを表現すること、そのために必要な準備から学びを深めるとして、短期大学での学習成果のアウトプット、プラスその後の学びへの意欲を高める教育プログラムとして実施してきた。この活動は、学生の学びの「将来の方向性を見据えた」活動としての趣旨を追加して行うべきである。そ

れは、学生が短期大学で得た学びを持って、母校へ行ってプレゼンテーションを行い、学びへのフィードバックで終わるのではない。自分の将来、卒業後を見据えて高校生へのプレゼンスを構成することで、高校生の意識→現在の自分→将来の方向性という一つの軸が作られ、これを高校生との対話というコミュニケーションの中でのキャリア教育として位置づけることができると思われる。

◆地域と結びついた短大教育

地域と短大教育のつながりは、学修成果つまりアウトカムズに関する調査から短大教育のカリキュラムに必要な教育実践の構築に始まる。その成果からはアクティブ・ラーニングの必要性が広がり、インターンシップの成果などがわかり、ソーシャル・サービスなどの地域貢献が多岐にわたり、それらの機会が増えてくる。アクティブ・ラーニングやインターンシップの内容をさらに充実させていくこと、また新たな教育プログラムを開発、実施していくことが必要な段階になってきた。それにはアウトカム調査を実施し、卒業生が短大教育に求めるものを確実に理解し、教育内容を常に見直す学修体制が必要となってくる。また、その中で短大教育の独自性を生み出していくために、共同の調査が重要な意義を持ち続けることは間違いない。調査の継続が現状を捉えた教育改革の内容を生み出してくる。教学改革の深まりが「教育の質」を深めることになることを忘れてはならない。

これまで短期大学では、特に教授内容・方法等の授業研究が重視されなかったため、これからは専門分野を深めるためにも認識基盤を捉えた学生理解から始めることも必要である。それには、軽視されがちな入学する前までの日常生活の実態を捉えたレディネス調査を実施することも重要な視点である。短大生が入学してくる段階でどのような体験を獲得しているのか、学習に対してどのようなレディネスを持っているのかを捉えることが大事である。学生の実態を把握する（レディネス調査）→教育のカリキュラムを実践する→教育学修の成果の確認（アウトカム調査）をセットとして考えることは、学校の基本方針である三つのポリシーを構築していく際の基本的な作業となる。この活動は高度

な技術社会、大量消費社会、情報の中央集中社会、極端な核家族社会、ものづくりをしない「選択と消費」社会がすすんだ現代では、特に重要なことである。短大生が地方にいてもこうした都市と同じ環境にどっぷりとつかってしまい、人と人との協同から生み出されている生活や伝統・習慣・文化を感じ取れなくなってきていることへの特別な対応が必要になってくる。

　それ故、具体的に目標を持ち、意欲を持って学修する学生に焦点を当て、一連の調査結果や入学前、卒業後の動向調査、短期大学での活動や各種のデータの中で分析することで、学生にとっての"ブレイクスルー"（突破する目標）を見つけ出し、短大教育の中でブレイクスルーとなる機会をたくさん設けることで、短大教育のモデルケースを作り出すことが可能になる。「あの短大に行けば、こんなに頑張れる、特色ある人間になれる」という短期大学独自教育を作り出すことができるのである。

　しかも、現代社会がこれからうまく付き合っていかなければならない「第四次産業革命」の進展による「AI」（人工知能）の出現によって、人間の仕事はだんだん減っていくことは間違いない。社会の中で「AI」を使いこなす人間になる必要があるが、同時に「反AI教育」も必要になる。「反AI」は「AI」に反対ではなく、「AI」を支える人間を育てる教育という意味である。「反AI」教育として欠かせないものは、子どもの「人間らしさ」を捉えた基本的発達、人間の発達段階に応じた対応、それは幼児教育から始まり、高等教育までの間それぞれの段階で何を、どのように獲得すべきなのか。それは社会発展の状況や地方エリアによって絶えず変化する。人間の基本的な発達段階と社会状況において発展段階で判断し、対応することが重要となり、そのことを踏まえた教育実践を立案検討すべきである。

　また、教育だけではない。成人から高齢者になってもそれぞれの段階と状況で抱える問題の解決は「AI」で解決できないことも少なくないと想定できる。それに対応できるのは、経験から得た情報を駆使し、思考・判断・表現することができる人間の基本認識の形成が求められる。そのことをきちんと短期大学の教育学修で身につけさせることが重要ではないだろうか。

結びに、新しい成果の活用に向けてということでまとめをしておきたい。

　まず、レディネス調査からアウトカム調査までの調査をJCCK 7短大だけでなく、もっと多くの、さらには広域大学間で実施して、仲間をふやしていきたい。レディネスとアウトカムの関連から学生理解と卒業生の持つ教育学修を捉えた教学改革が重要である。

　二つめには、調査をたくさんの仲間とすることで、教学IR活動が効果を持つとともに、短大教育の独自性や特徴を構築することができると考える。

　三つめに調査だけでなく、共同の教育プログラム実施、生涯学習の場の構築などの連携活動は、今後否応無しに迫っている。大学間連携活動（これからのプラットフォーム事業の展開などからも見えているが）にヒントを与えてくれる活動だと自負している。何をするのか、どう発展させていくのか、連携の中で自学の独自性を作り出し保つこと、様々な課題は山積しているが、短期大学独自の教育内容を成果とともに発信していくことで、地域での存在感を作り出していけると考える。

　　　平成30年3月

　　　　　　　　　　　　　　　　　　　　　　編者　南里　悦史

◆引用文献◆

第 1 部

馬越徹（2010）『韓国大学改革のダイナミズム』東信堂

中央教育審議会（2017）『専門職大学設置基準の制定等について（答申)』

中央教育審議会大学分科会大学教育部会短期大学ワーキンググループ（2014）『短期大学の今後の在り方について（審議まとめ)』

日本学術会議（2010）「21世紀の教養と教養教育」

日本私立短期大学協会（2009）『短期大学教育の再構築を目指して—新時代の短期大学の役割と機能—』

目白大学短期大学部（2011）研究代表者佐藤弘毅『短期大学における今後の役割・機能に関する調査研究成果報告書』（文部科学省平成21・22年度先導的大学改革推進委託事業）

OECD（2017）『図表で見る教育　OECDインディケーター 2017年版』文部科学省

第 2 部

安部恵美子（2012）『大学教育充実のための戦略的大学連携支援プログラム「地域の人材育成に貢献する短期大学の役割と機能の強化のための戦略的短大連携事業」』最終報告書

安部恵美子・小嶋栄子（2011）「短期大学の学生調査—キャリア教育・職業教育の探究 1—」『研究紀要』第23号　長崎短期大学

安部恵美子・小嶋栄子（2014）「短期大学の学生調査 3—パネル調査からみた短大への総合評価—」『研究紀要』第26号　長崎短期大学

石川結貴（2017）『スマホ廃人』文春新書　文藝春秋

上野景三（2001）「（書評）南里悦史著『子どもの生活体験と学・社連携—生活環境と発達環境の再構築—』『日本生活体験学習学会誌』創刊号　日本生活体験学会

小野晴子・土井英子・杉本幸枝・吉田美穂・山本智恵子（2003）「短期大学生入学初期の生活習慣獲得の実態」『新見公立短期大学紀要』第24巻　新見公立短期大学

川田智美・木村由美子・木暮深雪・小林三重子・林元子・狩野太郎（2005）「看護教員が学生の生活体験の乏しさを感じた実習場面」『群馬保健学紀要』26巻　群馬大学医学部保健学科

大学間連携共同教育推進事業（2017）『短期大学士課程の職業・キャリア教育と共同教学IRネットワーク　最終報告書』

高橋隆志（2016）『できるExcelグラフ　魅せる＆伝わる資料作成』インプレス

常石秀市（2008）「感覚器の成長・発達」『バイオメカニズム学会誌』vol. 32, No. 2

デジタルアーツ株式会社（2017）「未来の携帯電話・スマートフォン利用実態調査」『Press Release 2017年3月1日』

http://www.daj.jp/company/release/common/data/2017/030101.pdf（平成29年9月29日閲覧）

内閣府（2017）「平成28年度青少年のインターネット利用環境実態調査（調査結果〈概要〉）」政府統計

http://www8.cao.go.jp/youth/youth-harm/chousa/h28/net-jittai/pdf/kekka_gaiyo.pdf（平成29年9月29日閲覧）

中濱雄一郎（2017）「香蘭女子短期大学IR委員会活動報告」短期大学コンソーシアム九州紀要『短期高等教育研究』Vol.7

南里悦史（1977）「子どもの学校の学習と学校外の生活との相関についての調査研究―学習にうちこめない子どもの学校外の生活の問題点とその克服の方向」『東京都立教育研究所紀要』第22号

―――（1997）「子どもの生活体験と生活環境に関する実証的研究」（科学研究費補助金平成8年度報告書）

―――（2009）「子どもの生活体験学習の新たな課題―経験から体験学習、そしてサービス化の中で―」『日本生活体験学習学会誌』第9号　日本生活体験学習学会

日本医師会・日本小児科医会（2016）「スマホの時間わたしは何を失うか」（ポスター）

http://www.jpa-web.org/dcms_media/other/sumahonojikan_161215_poster.pdf（平成29年9月29日閲覧）

日本私立短期大学協会（2009）前掲第1部

浜端賢次・山道弘子・藏野ともみ・山﨑雅代（2003）「初期看護学実習における情意領域の教育評価」『川崎医療福祉学会誌』Vol. 13, No. 1　川崎医療福祉大学

平田孝治・野口美乃里・馬場由美子（2017）「短期高等教育のキャリア・職業教育に関する一考―実践的活動事例からみる諸能力の育成について―」短期大学コンソーシアム九州紀要『短期高等教育研究』vol. 7, 17-26

平田孝治・福元健志・菅原航平（2015）「学修到達目標とコンピテンシー評価の接続に関する一考―短大教育のベンチマーキングに関する検討―」短期大学コンソーシアム九州紀要『短期高等教育研究』vol. 6, 35-42

藤川大祐（2016）『スマホ時代の親たちへ』大空教育新書　大空出版

谷田貝公昭（2010）「子どもの生活習慣の変化と生活体験の不足」『特集第5弾子どもを取り巻く環境と生活習慣』Benesse発2010年「子どもの教育を考える」ベネッセ教育総合研究所

http://berd.benesse.jp/berd/berd2010/feature/feature05/>（平成29年9月29日閲覧）

目白大学短期大学部（2011）前掲第1部

C. ファデル・M. ビアリック・B. トリリング著、岸学監訳（2016）『21世紀の学習者と教育の4つの次元―知識、スキル、人間性、そしてメタ学修―』北大路書房

216

◆執筆者紹介◆

(2018年3月31日現在)

編者

安部恵美子（あべ えみこ）

1955年生まれ／奈良女子大学大学院文学研究科教育学専攻修士課程修了、文学修士／長崎短期大学学長

日本私立短期大学協会常任理事　第9期文部科学省中央教育審議会「大学分科会」臨時委員　同分科会の「将来構想部会」「制度・教育改革ワーキンググループ」「専門職大学等の制度設計に関する作業チーム」委員などをつとめる。

南里悦史（なんり よしふみ）

1944年生まれ／東京大学大学院教育学研究科博士課程満期退学、博士（教育学）／九州大学名誉教授、佐賀女子短期大学学長

九州大学教育学部教授から東京農工大、福岡県立大などを経て、佐賀女子短期大学学長に就任。また、学校法人旭学園理事長。短期大学コンソーシアム九州会長。

客員執筆者

佐藤弘毅（さとう こうき）

1943年生まれ／カリフォルニア州立サンフランシスコ大学教育学大学院修士課程修了、MA（教育学修士）／目白大学名誉教授、元学校法人目白学園理事長、元目白大学・目白大学短期大学部学長、前日本私立短期大学協会会長。

文部科学省「大学設置・学校法人審議会」、「中央教育審議会大学分科会」、「同初等中等教育分科会教員養成部会」、「学校法人運営調査委員会」等の委員を歴任。第7期中央教育審議会大学分科会では、「大学教育部会短期大学ワーキンググループ」の主査として「短期大学の今後の在り方について（審議まとめ）平成26年8月刊」の作成を主導した。

執筆者（短期大学コンソーシアム九州）

藪敏晴（やぶ としはる）

1960年生まれ／国學院大學大学院博士課程後期文学研究科日本文学専攻単位取得満期退学、文学修士／佐賀女子短期大学教授

久保知里（くぼ ちさと）

1983年生まれ／福岡大学大学院人文科学研究科史学専攻博士課程後期満期退学、修士（文学）／佐賀女子短期大学専任講師

武部幸世（たけべ さちせ）

1966年生まれ／九州大学大学院人間環境学府行動システム専攻修士課程、修士（人間環境学）／精華女子短期大学准教授

桑原哲章（くわはら てつあき）

1973年生まれ／洗足学園音楽大学大学院音楽研究科修了、修士（音楽）／福岡女子短期大学准教授

平田孝治（ひらた こうじ）

1967年生まれ／九州大学大学院農学研究科遺伝子資源工学専攻博士課程単位取得満期退学、博士（農学）／西九州大学短期大学部教授

中濵雄一郎（なかはま ゆういちろう）

1970年生まれ／西南学院大学大学院経営学研究科経営学専攻博士後期課程単位取得満期退学、修士（経営学）／香蘭女子短期大学教授

鹿毛理恵（かげ りえ）

1974年生まれ／佐賀大学大学院工学系研究科博士後期課程修了、博士（学術）／東京福祉大学・大学院国際交流センター特任講師

小嶋栄子（こじま えいこ）

1953年生まれ／大東文化大学大学院文学研究科日本文学専攻博士課程後期課程修了、博士（文学）／長崎短期大学教授

武藤玲路（むとう りょうじ）

1960年生まれ／広島修道大学大学院人文科学研究科博士前期課程修了、文学修士／長崎女子短期大学准教授

桑木康宏（くわき やすひろ）

1976年生まれ／九州工業大学情報工学部卒業／株式会社学びと成長しくみデザイン研究所代表取締役、株式会社ハウインターナショナル取締役学びと成長サポート事業部長

短期大学教育の新たな地平

2018年6月10日　初版第1刷発行

編著者　安　部　恵美子
　　　　南　里　悦　史

発行者　木　村　哲　也

・定価はカバーに表示　　印刷　恵友社／製本　新里製本

発行所　株式会社 北 樹 出 版
URL:http://www.hokuju.jp

〒153-0061　東京都目黒区中目黒1-2-6　電話(03)3715-1525(代表)
©EmikoAbe & Yoshifumi Nanri 2018, Printed in Japan
ISBN978-4-7793-0582-5
（落丁・乱丁の場合はお取り替えします）